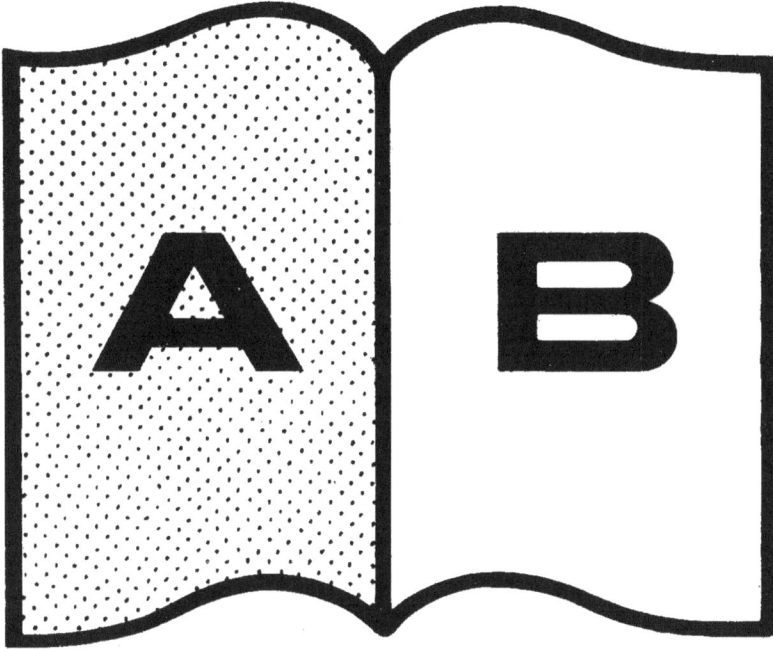

Contraste insuffisant

NF Z 43-120-14

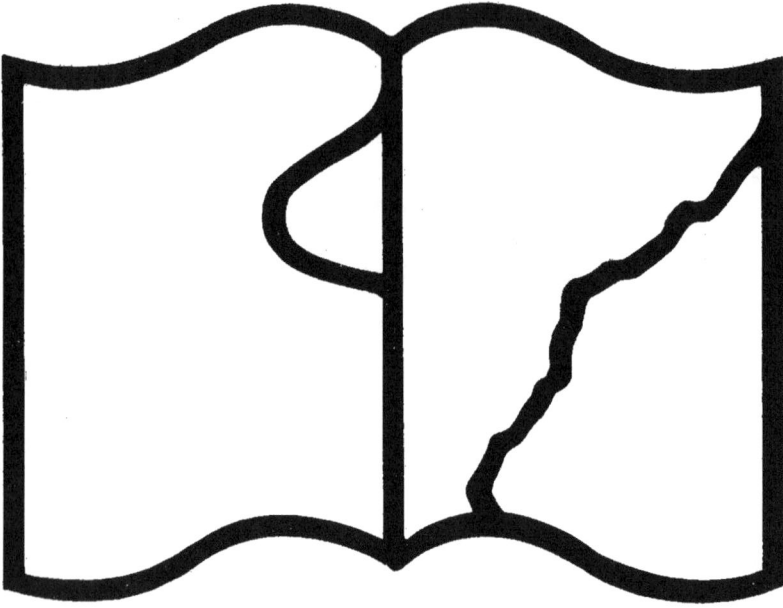

Texte détérioré — reliure défectueuse

NF Z 43-120-11

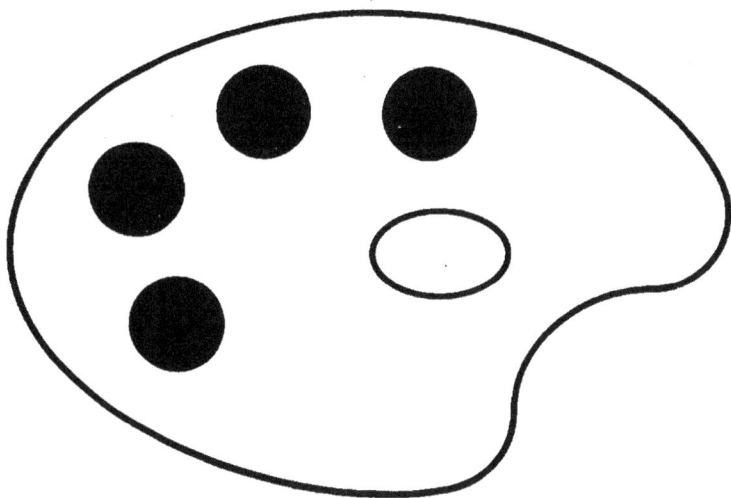

Original en couleur
NF Z 43-120-8

Voyages de Gulliver

GARNIER FRÈRES, Libraires-Éditeurs, 6, rue des Saints-Pères, PARIS

VOYAGES

DE GULLIVER

Voyages de Gulliver

Paris. — Typ. Ch. Unsinger.

VOYAGES

DE GULLIVER

A LILLIPUT ET A BROBDINGNAG

PAR

J. SWIFT

ÉDITION ILLUSTRÉE DE GRAVURES EN COULEUR D'APRÈS LES DESSINS DE F. LIX

ET DE VIGNETTES SUR BOIS

PARIS

GARNIER FRÈRES, LIBRAIRES-EDITEURS

6, RUE DES SAINTS-PÈRES, 6

(C.)

PREMIÈRE PARTIE

VOYAGE A LILLIPUT

CHAPITRE PREMIER

L'auteur rend un compte succinct de sa naissance, de sa famille et des premiers motifs qui le portèrent à voyager. — Il fait naufrage, et se sauve à la nage dans le pays de Lilliput. — On l'enchaîne et on le conduit en cet état dans l'intérieur des terres.

ON père avait un petit bien situé dans la province de Nottingham. J'étais le troisième de ses cinq fils. Il m'envoya au collège d'Emmanuel, à Cambridge, à l'âge de quatorze ans. J'y demeurai trois années, pendant lesquelles j'étudiai assidûment. Mais, malgré le prix modeste de ma pension, la dépense de mon entretien au collège étant encore trop grande, on me mit en apprentissage, à Londres, sous M. Jacques Bates, chirurgien célèbre, chez qui je demeurai quatre ans. Mon père m'envoyant de temps en temps quelques petites sommes, je les employai à étudier la navigation et les sciences mathématiques nécessaires à ceux qui se proposent de voyager sur mer, ce que je prévoyais être tôt ou tard dans ma destinée. Ayant quitté M. Bates, je retournai chez mon père ; et tant de lui que de mon oncle Jean et de quelques autres parents, je tirai la somme de quarante livres sterling, avec la promesse de trente autres livres par an, pour me défrayer à Leyde. Je m'y rendis et m'y appliquai à l'étude de la médecine pendant deux ans et sept mois, persuadé qu'elle me serait un jour utile dans mes voyages.

Bientôt après mon retour de Leyde, j'eus, à la recommandation de mon bon maître, M. Bates, l'emploi de chirurgien sur l'*Hirondelle*, où je restai trois ans et demi sous le commandement du capitaine Abraham Panell. Je fis pendant ce temps-là des voyages dans le Levant et ailleurs.

A mon retour, je résolus de m'établir à Londres. **M.** Bates m'encouragea à prendre ce parti, et me présenta à quelques-uns de ses malades. Je louai un appartement dans une petite maison du quartier d'Old-Jewry; et bientôt après je me mariai.

Mais mon bon maître, M. Bates, mourut deux ans après; je ne conservai dès lors qu'un petit nombre de relations, et ma clientèle commença à diminuer. C'est pourquoi, après avoir consulté ma femme et quelques amis, je pris la résolution de me remettre en mer. Je fus successivement chirurgien sur deux vaisseaux; et plusieurs autres voyages que je fis, dans le cours de six ans, aux Indes orientales et occidentales, augmentèrent un peu ma petite fortune.

J'employais mon loisir à lire les meilleurs auteurs anciens et modernes, étant toujours pourvu d'un bon nombre de livres; et quand je me trouvais à terre, je ne négligeais pas d'observer les mœurs et les coutumes des peuples, et d'apprendre en même temps la langue du pays; ce qui me coûtait peu, grâce à mon excellente mémoire.

Au bout de trois ans, j'acceptai une offre avantageuse qui me fut faite par le capitaine Richard, prêt à monter l'*Antilope* et à partir pour la mer du Sud. Nous nous embarquâmes à Bristol, le 4 mai 1699, et notre voyage fut d'abord très heureux.

Il est inutile d'ennuyer le lecteur par le détail de nos aventures; c'est assez de lui faire savoir que, dans notre passage aux Indes orientales, nous essuyâmes une violente tempête qui nous poussa vers le nord-ouest de la terre de Van-Diemen. Douze de nos hommes étaient morts d'excès de fatigue et de mauvaise nourriture; les autres étaient dans un état d'épuisement absolu. Le 5 novembre, commencement de l'été dans ces pays-là, le ciel étant très sombre, les matelots aperçurent un rocher qui n'était éloigné du vaisseau que de la longueur d'un demi-câble; mais le vent était si fort que nous fûmes poussés directement contre l'écueil, et brisés aussitôt. Six hommes de l'équipage (j'étais du nombre), s'étant jetés dans la chaloupe, trouvèrent le moyen de se débarrasser du vaisseau et du rocher. Nous allâmes à la rame environ trois lieues; mais à la fin la lassitude ne nous permit plus de ramer. Entièrement épuisés, nous nous abandonnâmes au gré des flots; et environ une demi-heure après nous fûmes renversés par un coup de vent du nord.

Je ne sais quel fut le sort de mes camarades de la chaloupe, non plus que de ceux qui se sauvèrent sur le rocher ou qui restèrent dans le vaisseau; mais je crois qu'ils périrent tous:

Je trouvai mes bras et mes jambes attachés à la terre de l'un et l'autre côté, et mes cheveux, qui étaient long et épais, attachés de la même manière.

pour moi, je nageai à l'aventure, et fus poussé vers la terre par le vent et la marée. Je laissai souvent tomber mes jambes, mais sans toucher le fond. Enfin, étant près de m'abandonner, je trouvai pied dans l'eau; et alors la tempête était diminuée. Comme la pente était presque insensible, je marchai une demi-lieue dans la mer avant de prendre terre; dans ce moment-là je supposai qu'il pouvait être environ huit heures et demie du soir. Je fis près d'un quart de lieue sans découvrir aucune maison, ni aucun vestige d'habitants; ou du moins j'étais trop exténué pour les apercevoir. La fatigue, la chaleur, et une demi-pinte d'eau-de-vie que j'avais bue en abandonnant le vaisseau, tout cela m'excita à dormir. Je me couchai sur l'herbe, qui était très fine et très douce; bientôt je fus enseveli dans le plus profond sommeil que j'eusse jamais goûté, et qui dura environ neuf heures, car je ne m'éveillai qu'au jour. J'essayai alors de me lever; mais ce fut en vain. Comme je m'étais couché sur le dos, je trouvai mes bras et mes jambes attachés à la terre de l'un et de l'autre côté, et mes cheveux, qui étaient longs et épais, attachés de la même manière. Je trouvai même plusieurs ligatures très minces qui entouraient mon corps depuis mes aisselles jusqu'à mes cuisses.

Je ne pouvais regarder que le ciel; le soleil commençait à être fort chaud, et sa grande clarté fatiguait mes yeux. J'entendis un bruit confus autour de moi; mais dans la posture où j'étais je ne pouvais, je le répète, rien voir que le ciel. Bientôt je sentis remuer quelque chose sur ma jambe gauche, et cet objet, avançant doucement sur ma poitrine, monter presque jusqu'à mon menton. Dirigeant, comme je le pus, ma vue de ce côté, j'aperçus une créature humaine, haute tout au plus de six pouces, tenant à la main un arc et une flèche, et portant un carquois sur le dos. J'en vis en même temps au moins quarante autres de la même espèce qui la suivaient. Dans ma surprise, je jetai de tels cris, que tous ces petits êtres se retirèrent saisis de peur; et il y en eut même quelques-uns, comme je l'ai appris ensuite, qui furent dangereusement blessés par les chutes qu'ils firent en se précipitant à terre. Néanmoins ils revinrent bientôt; et l'un d'eux, qui eut la hardiesse de s'avancer assez pour voir entièrement mon visage, levant les mains et les yeux en signe d'étonnement, s'écria d'une voix aigre, mais distincte: *hekinah degul*. Les autres répétèrent plusieurs fois les mêmes mots; mais je n'en compris pas alors le sens.

J'étais pendant ce temps-là, comme le lecteur peut le penser, dans une position fort gênante. Enfin, par mes efforts pour me mettre en liberté, j'eus le bonheur de rompre les cordons ou fils, et d'arracher les chevilles qui attachaient mon bras droit à la terre; car, en le haussant un peu, j'avais découvert ce qui me tenait captif. En même temps, par une secousse violente qui me causa une douleur extrême, je lâchai un peu les cordons qui attachaient mes cheveux du côté droit, en sorte que je me trouvai en état de tourner un peu la tête. Alors ces insectes humains prirent la fuite avant que je pusse les toucher, et poussèrent des cris très aigus. Ce bruit cessant, j'entendis l'un d'eux s'écrier : *tolgo phonac;* et aussitôt je me sentis percé à la main gauche de plus de cent flèches qui me piquaient comme autant d'aiguilles. Ils en firent ensuite une autre décharge en l'air, comme nous tirons des bombes en Europe : plusieurs, je crois, me tombaient sur le corps, quoique je ne les aperçusse pas, et d'autres s'abattaient sur mon visage, que je tâchai de couvrir avec ma main droite. Quand cette grêle de flèches fut passée, je m'efforçai encore de me dégager ; mais on fit alors une autre décharge plus grande que la première, et quelques-uns tâchaient de me percer de leurs lances ; mais par bonheur je portais une veste de peau de buffle qu'ils ne pouvaient traverser. Je crus donc que le meilleur parti était de me tenir en repos, et de rester comme j'étais jusqu'à la nuit ; qu'alors, dégageant mon bras gauche, je pourrais me mettre tout à fait en liberté ; et à l'égard des habitants, c'était avec raison que je me croyais d'une force égale aux plus puissantes armées qu'ils pourraient mettre sur pied pour m'attaquer, s'ils étaient tous de la même taille que ceux que j'avais vus. Mais la fortune me réservait un autre sort.

Quand ces gens eurent remarqué que j'étais tranquille, ils cessèrent de me décocher des flèches ; mais une rumeur croissante m'apprit que leur nombre s'augmentait considérablement ; et environ à deux toises de moi, vis-à-vis de mon oreille droite, j'entendis, pendant plus d'une heure, comme un bruit de gens qui travaillaient. Enfin, tournant un peu ma tête de ce côté-là, autant que les chevilles et les cordons me le permettaient, je vis un échafaud élevé de terre d'un pied et demi, où quatre de ces petits hommes pouvaient se placer, et deux ou trois échelles pour y monter ; d'où un d'entre eux, qui me semblait être une personne de condition, me fit une harangue assez longue, dont je ne compris pas un mot. Avant que de commencer, il s'écria trois fois : *langro dehul san.* (Ces mots me furent répétés par la suite et me furent expliqués, ainsi que les précédents.) Aussitôt cinquante hommes s'avancèrent, et coupèrent les cordes qui attachaient le côté gauche de ma tête ; ce qui me donna la liberté de la tourner à droite, et d'observer la figure et l'action de celui qui devait parler. Il me parut être de moyen âge, et d'une taille plus grande que les trois autres qui l'accompagnaient, dont l'un, qui avait l'air d'un page et était à peu près haut comme mon doigt, tenait la queue de sa robe, et les deux autres étaient debout de chaque côté pour le soutenir. Il remplissait convenablement son rôle d'orateur, et je crus voir se succéder la menace et la promesse dans son discours, qui contenait aussi des mouvements de compassion et de sensibilité. Je fis la réponse en peu de mots, mais du ton le plus soumis, levant la main gauche et les yeux vers le soleil, comme pour le prendre à témoin que je mourais de faim, n'ayant rien mangé depuis longtemps.

Mon appétit était en effet si pressant, que je ne pus m'empêcher de faire voir mon impatience (peut-être d'une façon un peu incivile) en portant souvent mon doigt à ma bouche, pour faire connaître que j'avais besoin de nourriture. L'*hurgo* (c'est ainsi que parmi eux on appelle un grand seigneur, comme je l'ai su depuis) me comprit fort bien. Il descendit de l'échafaud, et fit appliquer à mes côtés plusieurs échelles, sur lesquelles montèrent bientôt une centaine d'hommes, qui se mirent en marche vers ma bouche, chargés de paniers pleins de viandes, réunis et envoyés par les ordres de leur souverain dès qu'il avait eu connaissance de mon arrivée. J'observai qu'il y avait de la chair de différents animaux ; mais je ne pus les distinguer par le goût. Il y avait des gigots, des épaules et des éclanches taillées comme du mouton, et fort bien accommodées, mais plus petites que les ailes d'une alouette ; j'en avalais deux ou trois d'une bouchée avec trois pains gros comme des balles de fusil. Ils me fournirent tout cela, témoignant de grandes marques d'étonnement et d'admiration à la vue de ma taille et de mon prodigieux appétit.

Je fis un autre signe pour leur indiquer qu'il me manquait à boire ; ils conjecturèrent, par la façon dont je mangeais, qu'une petite quantité de boisson ne me suffirait pas ; et, comme ils étaient ingénieux, ils levèrent avec beaucoup d'adresse un des plus grands tonneaux de vin qu'ils eussent, le roulèrent vers ma main, et le défoncèrent. Je le bus d'un seul coup, ce qui ne me fut pas très difficile, car il ne contenait pas plus d'une demi-pinte ; ce vin avait un peu le goût du bourgogne, mais il était plus agréable. On m'en apporta un autre muid, que je bus de même, et je fis signe qu'on m'en amenât encore d'autres ; mais on n'en avait plus à me donner.

Après m'avoir vu faire toutes ces merveilles, ils poussèrent des cris de joie, et se mirent à danser sur ma poitrine, répétant plusieurs fois, comme ils avaient fait d'abord : *hekinah degul*. Ils m'indiquèrent par signes que je pouvais jeter à terre les deux muids ; mais ils avertirent d'abord les assistants de s'éloigner, en criant : *borach mevolah ;* et quand ils virent les deux muids en l'air, ce fut un hourra général.

J'avoue que je fus plusieurs fois tenté, pendant qu'ils allaient et venaient sur mon corps, de saisir quarante ou cinquante des premiers qui se trouveraient à ma portée, et de les lancer à terre ; mais le souvenir de ce que j'avais déjà souffert, qui peut-être n'était pas le pis qu'ils pouvaient m'infliger, et la promesse que je leur avais faite tacitement de ne point exercer ma force contre eux, me firent éloigner ces pensées de mon esprit. D'ailleurs je me regardais comme lié par les lois de l'hospitalité envers un peuple qui venait de me traiter avec tant de magnificence. Cependant je ne pouvais me lasser d'admirer la hardiesse de ces petits êtres qui s'aventuraient à monter et à se promener sur mon corps, tandis qu'une de mes mains était libre.

Lorsqu'ils virent que je ne demandais plus à manger, ils conduisirent devant moi une personne d'un rang supérieur qui m'était envoyée par Sa Majesté. Son Excellence monta sur le bas de ma jambe, et s'avança jusqu'à mon visage avec une douzaine de gens de sa suite. Il me présenta ses lettres de créance revêtues du sceau royal, le plaça tout près de mes yeux, et fit un discours d'environ dix minutes, d'un ton calme, mais résolu, montrant de temps en temps le côté de l'horizon qui s'étendait en face de nous. C'était la direction dans laquelle était située la capitale, à une demi-lieue à peu près ; et le roi avait arrêté dans son conseil que j'y serais transporté. Je répondis en peu de mots, qui ne furent par entendus, et je recourus aux signes ; passant la main qu'on avait laissée libre par-dessus les têtes de l'envoyé et de son monde, je l'appliquai sur mon autre main et sur ma tête. Le seigneur comprit que je désirais être détaché ; mais il me fit entendre que je devais être transporté dans l'état où j'étais. Toutefois il m'assura par d'autres signes que l'on me donnerait tout ce qui me serait nécessaire. Le désir d'essayer de briser mes liens me revint fortement ; mais lorsque je sentis la pointe de leurs flèches sur mes mains, déjà couvertes d'ampoules, et sur mon visage, plusieurs de ces petits dards étant restés dans ma chair, et le nombre de mes ennemis augmentant de moment en moment, je montrai l'intention de me soumettre à tout ce qu'ils voudraient faire de moi. Alors l'*hurgo* (le seigneur) et sa suite se retirèrent avec beaucoup de marques de civilité et de satisfaction.

Bientôt après j'entendis une acclamation universelle, avec de fréquentes répétitions de ces mots : *peplum selan ;* et j'aperçus à ma gauche un grand nombre de gens relâchant les cordons à un tel point que je me trouvai en état de me tourner un peu.

Quelque temps auparavant on m'avait frotté charitablement le visage et les mains d'une espèce d'onguent d'une odeur agréable, qui en très peu de temps me guérit de la piqûre des flèches. Ces circonstances, jointes aux rafraîchissements que j'avais reçus, et à la nourriture solide que j'avais prise, me disposèrent à dormir ; et mon sommeil fut d'environ huit heures, ainsi que je m'en assurai plus tard, les médecins, par ordre de l'empereur, ayant mêlé au vin une potion soporifique.

Il paraît qu'aussitôt après que j'avais été aperçu dormant sur le rivage où je venais d'aborder, l'empereur en avait promptement reçu l'avis par un exprès, et qu'il avait été décidé en conseil que je serais enchaîné de la manière que je viens de rapporter, ce qui s'exécuta dans la nuit et pendant mon sommeil ; que des provisions de vivres et de boisson me seraient envoyées, et une machine construite pour me transporter dans la capitale de ses États.

Cette résolution semblera peut-être hardie et dangereuse, et je ne pense pas qu'il existe en Europe un seul prince capable d'agir ainsi en pareil cas ; cependant, à mon avis, la mesure était aussi prudente que généreuse ; car, si l'on eût tenté de me tuer dans mon sommeil, la première sensation douloureuse m'aurait éveillé ; et, la colère doublant mes forces, j'aurais probablement rompu mes liens, et mes assaillants n'auraient eu aucune grâce à attendre de moi.

Cinq cents ingénieurs ou charpentiers furent chargés de préparer une machine de la dimension convenable pour me transporter. C'était un chariot de sept pieds de long sur quatre de large, posé sur vingt-deux roues, et élevé d'un demi-pied. Le bruit que j'avais entendu venait de l'approche de cette machine, qui fut placée parallèlement à mon corps. La principale difficulté était de me hisser dans la voiture; à cet effet, on planta quatre-vingts poteaux; de fortes cordes de la grosseur de bon fil d'emballage furent attachées à des bandes que l'on avait passées autour de mon corps, de mes bras, de mes jambes et de mon cou. Alors neuf cents hommes robustes tirèrent les cordes par des poulies fixées aux poteaux, et je fus ainsi élevé, jeté sur la machine, et solidement attaché. Tout cela me fut raconté; car, pendant le temps de l'opération, je dormais du plus profond sommeil. Quinze cents chevaux vigoureux me traînèrent jusqu'à la capitale, à un quart de lieue de distance.

Il y avait quatre heures que nous étions en chemin, lorsque je fus éveillé par un incident assez ridicule. Pendant que les voituriers s'étaient arrêtés pour raccommoder quelque chose à la voiture, quatre ou cinq jeunes gens, curieux de voir la mine que je faisais en dormant, grimpèrent sur le chariot, et, s'avançant très doucement jusqu'à mon visage, l'un d'entre eux, officier des gardes, avait mis la pointe aiguë de son esponton bien avant dans ma narine gauche; ce qui m'avait chatouillé le nez et m'avait fait éternuer trois fois; ils descendirent sans être aperçus, et ce ne fut qu'au bout de trois semaines que je connus ce qui m'avait causé ce réveil subit. Nous fîmes une grande marche le reste de ce jour-là, et nous campâmes la nuit avec cinq cents gardes à mes côtés, moitié avec des flambeaux, et moitié avec des arcs et des flèches, prêts à me percer si j'eusse essayé de remuer. Le lendemain, au lever du soleil, nous continuâmes notre voyage, et nous arrivâmes sur le midi à cent toises des portes de la ville. L'empereur et toute sa cour sortirent pour nous voir; mais ses grands officiers ne voulurent jamais consentir à ce que Sa Majesté exposât sa personne en montant sur mon corps.

A l'endroit où la voiture s'arrêta, il y avait un ancien temple, estimé le plus grand de tout le royaume, lequel, ayant été souillé quelques années auparavant par un meurtre, était, selon la religion de ces peuples, regardé comme profane, et, pour cette raison, employé à divers usages et dépouillé de tous ses ornements. Il fut résolu que je serais logé dans ce vaste édifice. La grande porte regardant le nord était d'environ quatre pieds de haut et presque de deux pieds de large; de chaque côté de la porte, il y avait une petite fenêtre élevée de six pouces. A celle qui était du côté gauche, les serruriers du roi fixèrent quatre-vingt-onze chaînes semblables à celles qui tiennent une montre de dame en Europe, et presque aussi grandes; elles furent, par l'autre bout, attachées à ma jambe gauche avec trente-six cadenas. Vis-à-vis de ce temple, de l'autre côté du grand chemin, à la distance de vingt pieds, il y avait une tour d'au moins cinq pieds de haut : c'était là que le roi devait monter avec plusieurs des principaux seigneurs de sa cour, pour avoir la facilité de me regarder sans que je le visse, m'a-t-on dit. On compte qu'il y eut plus de cent mille habitants qui sortirent de la ville, attirés par la curiosité; et, malgré mes gardes, je crois qu'il n'y aurait pas eu moins de dix mille hommes qui, à différentes fois, auraient monté sur mon corps par des échelles, si l'on n'eût publié une défense de le faire sous peine de mort. Quand les ouvriers jugèrent qu'il m'était impossible de briser mes chaînes, ils coupèrent tous les liens qui me retenaient; je me levai alors, mais avec un sentiment de tristesse tel que je n'en avais jamais éprouvé. On ne peut s'imaginer le bruit et l'étonnement du peuple, quand il me vit debout et me promenant. Les chaînes qui tenaient ma jambe gauche étaient d'environ six pieds de long; non seulement elles me donnaient la liberté d'aller et de venir dans un demi-cercle : mais de plus, comme elles étaient fixées à quatre pouces de la porte, je pouvais la passer en rampant et m'étendre de mon long dans le temple.

CHAPITRE II

L'empereur de Lilliput, accompagné de plusieurs de ses gentilshommes, vient pour voir l'auteur dans sa prison. — Description de la personne et du costume de Sa Majesté. — Des savants sont désignés pour enseigner à l'auteur la langue du pays. — Il obtient la faveur générale par la douceur de son caractère. — Ses poches sont visitées; on lui retire son épée et ses pistolets.

UAND je me retrouvai sur pied, je regardai autour de moi, et je dois avouer que je n'avais jamais contemplé une scène plus agréable. Le pays environnant me parut une suite de jardins, et les champs clos de murs, la plupart de quarante pieds carrés, me firent l'effet des plates-bandes d'un parterre. Des bois étaient entremêlés à ces champs, et les plus grands arbres me semblèrent d'environ sept pieds de haut. J'apercevais sur la gauche la ville, qui ressemblait à la peinture en perspective d'une cité dans une décoration de théâtre.

Bientôt je vis venir à moi l'empereur suivi de toute sa cour. Sa Majesté était à cheval, ce qui pensa lui coûter cher : car sa monture, quoique parfaitement dressée, se cabra à cet aspect nouveau pour elle, croyant voir une montagne qui se mouvait devant ses yeux; mais ce prince, qui est un cavalier excellent, se tint ferme sur ses étriers jusqu'à ce que sa suite accourût et prît la bride. Sa Majesté, après avoir mis pied à terre, me considéra de tous côtés avec une grande admiration, mais pourtant se tenant toujours, par précaution, hors de la portée de ma chaîne.

Il ordonna à ses cuisiniers et à ses sommeliers, qui se tenaient prêts à recevoir cet ordre, de me servir des viandes et du vin, ce qu'ils firent en posant les objets sur des voitures qu'ils amenaient près de moi; je pris ces voitures, et je les vidai promptement. Il y en avait vingt pour les viandes et dix pour les boissons; chacune des premières me fournit deux ou trois bouchées; je versai la liqueur de dix vaisseaux de terre dans une des voitures, je la bus d'un seul trait, et ainsi du reste.

L'impératrice, les princes et les princesses du sang, accompagnés de plusieurs dames, s'assirent à quelque distance dans des fauteuils; mais après l'accident arrivé à l'empereur, ils se levèrent et s'approchèrent de sa personne, que je vais maintenant dépeindre. Il est plus grand d'environ la hauteur de mon ongle qu'aucun de sa cour, ce qui lui donne un aspect imposant; les traits de son visage sont grands et mâles; il a la lèvre autrichienne, le nez aquilin, le teint olivâtre, le port majestueux, les membres bien proportionnés, de la grâce et de la dignité dans tous ses mouvements. Il avait alors passé la fleur de la jeunesse, étant âgé d'environ vingt-huit ans et trois quarts; il en avait régné environ sept, au sein de la prospérité et d'une suite de triomphes. Pour le regarder avec plus de commodité, je me tenais couché sur le côté, en sorte que ma figure et sa personne étaient placées parallèlement; et il se tenait à une toise et demie loin de moi. Mais, depuis ce temps-là, je l'ai eu plusieurs fois dans ma main; c'est pourquoi je ne puis me tromper dans le portrait que j'en fais. Son habit était uni et simple, et taillé moitié à l'asiatique et moitié à l'européenne; mais il avait sur la tête un léger casque d'or, orné de pierreries et surmonté d'un plumet. Il avait son épée nue à la main, pour se défendre en cas que j'eusse brisé mes chaînes; cette épée avait près de trois pouces de long; la poignée et le fourreau étaient en or et enrichis de diamants. Sa voix était aiguë, mais claire et distincte, et je pouvais l'entendre aisément, même quand je me tenais debout. Les dames et les courtisans étaient tous vêtus avec magnificence; en sorte que la place qu'occupait toute la cour paraissait à mes yeux comme une belle jupe étendue sur la terre, et brodée de figures d'or et d'argent. Sa Majesté Impériale me fit l'honneur de me parler souvent, et je lui répondis toujours; mais nous ne nous entendions ni l'un ni l'autre.

Au bout de deux heures la cour se retira, et l'on me laissa une forte garde pour prévenir l'indiscrétion et peut-être la malice de la populace, qui avait beaucoup d'impatience de se porter en foule autour de moi pour me voir de près. Pendant que j'étais étendu à la porte de ma demeure, quelques-uns d'entre eux eurent la témérité de me tirer des flèches, dont une manqua de me crever l'œil gauche. Mais le colonel fit arrêter six des meneurs; il ne trouva point de peine mieux proportionnée à leur faute que de me les livrer garrottés, et ses soldats exécutèrent cet ordre en les chassant vers moi avec la pointe de leurs lances. Je les pris donc dans ma main droite, j'en mis cinq dans la poche de mon justaucorps, et, à l'égard du sixième, je feignis de le vouloir manger tout vivant. Le pauvre petit homme poussait des hurlements horribles; et le colonel ainsi que ses officiers étaient fort en peine, surtout quand ils me virent tirer mon canif. Mais je fis bientôt cesser leur frayeur, car, le regardant avec bonté et coupant promptement les cordes dont il était lié, je le mis doucement à terre, et il prit la fuite. Je traitai les autres de la même façon, les tirant successivement l'un après l'autre de ma poche. Je remarquai que les soldats et le peuple avaient été vivement touchés de ma clémence, qui fut citée à la cour d'une manière fort avantageuse.

Vers la nuit je gagnai ma maison, où j'entrai non sans peine, et je couchai sur la terre pendant plusieurs nuits, en attendant le lit que l'empereur avait commandé pour moi. Cent cinquante de leurs couchers cousus ensemble formèrent la largeur et la longueur du mien, et l'on posa quatre de ces matelas l'un sur l'autre, ce qui ne composait pas encore un lit bien douillet; mais il me parut assez doux après tant de fatigues.

La nouvelle de mon arrivée s'étant répandue dans tout le royaume attira un nombre infini de gens oisifs et curieux; les villages furent presque abandonnés, et la culture de la terre en aurait souffert, si Sa Majesté Impériale n'avait prévenu ce danger par des édits. Elle ordonna donc que tous ceux qui m'avaient déjà vu retourneraient chez eux, et n'approcheraient point, sans une permission particulière, à vingt-cinq toises de ma résidence. Cette mesure produisit au profit des commis des secrétaires d'État des sommes très considérables.

Cependant l'empereur tint conseil pour délibérer sur le parti qu'il fallait prendre à mon égard : j'ai appris depuis, par un ami intime assez haut placé pour savoir les secrets d'État, que la cour avait été fort embarrassée. On craignait, d'une part, que je vinsse à briser mes chaînes; et, d'un autre côté, que ma nourriture ne causât une dépense excessive ou même une disette générale. L'un proposait de me faire mourir de faim, l'autre voulait me percer de flèches empoisonnées; mais on pensa que l'infection d'un corps tel que le mien pourrait produire la peste dans la capitale et dans tout le royaume. Pendant qu'on délibérait, plusieurs officiers de l'armée se rendirent à la porte de la grand'chambre où le conseil impérial était assemblé; et deux d'entre eux, ayant été introduits, rendirent compte de ma conduite à l'égard des six criminels dont j'ai parlé, ce qui fit une impression si favorable sur l'esprit de Sa Majesté et de tout son conseil, qu'une commission impériale fut aussitôt expédiée pour obliger tous les villages, à quatre cent cinquante toises de la capitale, de livrer tous les matins six bœufs, quarante moutons, et d'autres vivres pour ma nourriture, avec une quantité proportionnée de pain et de vin, et d'autres boissons. Pour le payement de ces subsistances, Sa Majesté donna des mandats sur son trésor. Ce prince n'a d'autres revenus que ceux de son domaine, et ce n'est que dans des occasions importantes qu'il lève des impôts sur ses sujets, qui sont obligés de marcher à leurs frais en temps de guerre. On forma une maison de six cents personnes pour me servir, lesquelles furent pourvues d'appointements pour leur dépense de bouche, et de tentes construites très commodément de chaque côté de ma porte. Il fut aussi ordonné que trois cents tailleurs me feraient un habillement complet à la mode du pays; que six professeurs, des plus savants de l'empire, seraient chargés de m'apprendre la langue, et enfin que les chevaux de l'empereur et ceux de la noblesse, et les compagnies des gardes, feraient souvent l'exercice devant moi, pour les accoutumer à ma vue. Tous ces ordres furent ponctuellement exécutés. En trois semaines je fis de grands progrès dans la connaissance de la langue. Pendant ce temps-là l'empereur m'honora de visites fréquentes, et se plut à assister mes maîtres dans les soins de mon instruction.

Les premiers mots que j'appris furent pour lui faire savoir le désir que j'avais qu'il voulût bien me rendre ma liberté; ce que je lui répétais tous les jours à genoux. Sa réponse, comme je le craignais, fut qu'il fallait attendre; que c'était une question sur laquelle il ne pouvait se déterminer sans l'avis de son conseil, et que premièrement il fallait que je promisse par serment l'observation d'une paix inviolable avec lui et avec ses sujets; qu'en attendant je serais traité avec tous les égards possibles. Il me conseilla de gagner, par ma patience et par ma bonne conduite, son estime et celle de ses peuples. Il me demanda de ne lui savoir point mauvais gré s'il donnait à certains officiers l'ordre de me visiter, parce que vraisemblablement je devais porter sur moi quelques armes contraires à la sûreté de ses États, si elles étaient proportionnées à ma taille. Je répondis que Sa Majesté serait satisfaite, que j'étais prêt à me dépouiller de mon habit et à vider toutes mes poches en sa présence. C'est ce que j'exprimai, moitié en paroles, moitié par signes. Il repartit que, d'après les lois de l'empire, il fallait que je fusse visité par deux commissaires; qu'il savait bien que cela ne pouvait se faire sans mon consentement ni mon concours; mais qu'il avait trop bonne opinion de ma générosité et de ma justice, pour ne pas confier sans crainte leurs personnes à mes mains; que tout ce qu'on m'ôterait me serait rendu fidèlement quand je quitterais le pays, ou que je serais remboursé selon l'évaluation que j'en ferais moi-même.

Lorsque les deux commissaires vinrent pour me fouiller, je pris ces messieurs dans mes mains. Je les mis d'abord dans les poches de mon justaucorps, et ensuite dans toutes mes autres poches, excepté mes deux goussets et une autre poche secrète que je ne me souciais point de laisser inspecter et qui contenaient certains objets à mon usage et insignifiants pour les autres. Dans l'un des goussets était une montre d'argent, et dans l'autre une bourse avec un peu d'or.

Ces officiers du prince, ayant des plumes, de l'encre et du papier sur eux, firent un inventaire très exact de tout ce qu'ils virent; et quand ils eurent achevé, ils me prièrent de les mettre à terre afin qu'ils pussent rendre compte de leur visite à l'empereur.

Cet inventaire, que je traduisis plus tard en anglais et mot pour mot, était conçu dans les termes suivants :

« Premièrement, dans la poche droite du justaucorps du grand homme-montagne (c'est
« ainsi que je rends ces mots *quinbus flestrin*), après une visite exacte, nous n'avons trouvé
« qu'un morceau de toile grossière, assez grand pour servir de tapis de pied dans la grand'salle
« de Votre Majesté. Dans la poche gauche, nous avons trouvé un grand coffre d'argent avec
« un couvercle de même métal, que nous, commissaires, n'avons pu lever. Nous avons prié
« ledit homme-montagne de l'ouvrir; et l'un de nous étant entré dedans, s'est trouvé, jusqu'aux
« genoux, dans une poudre dont plusieurs grains, nous arrivant au visage, nous firent éternuer
« quelque temps. Dans cette même poche il y avait une machine armée de vingt dents très
« longues, semblables aux palissades qui sont devant la cour de Votre Majesté; nous avons
« supposé que l'homme-montagne s'en servait pour se peigner; mais nous n'avons pas voulu
« le presser de questions, voyant la difficulté qu'il éprouvait à nous comprendre. Dans la grande
« poche du côté droit de son *couvre-milieu* (c'est ainsi que je traduis le mot *ranfulo*, par lequel
« on voulait parler de ma culotte), nous avons vu un pilier de fer creux, environ de la grandeur
« d'un homme, attaché à une grosse pièce de bois plus large que le pilier; et d'un côté du
« pilier il y avait d'autres pièces de fer en relief, de formes singulières; nous n'avons su ce que
« c'était. Dans la poche gauche il y avait encore une machine de la même espèce. Dans la plus
« petite poche du côté droit, il y avait plusieurs pièces rondes et plates de métal rouge et blanc,
« et de différents volumes; quelques-unes des pièces blanches, qui nous ont paru être d'argent,
« étaient si grosses et si pesantes, que mon compagnon et moi nous avons eu de la peine à les
« soulever. Il restait deux poches à visiter : celles-ci il les appelait goussets. C'étaient deux
« ouvertures coupées dans le haut de son *couvre-milieu*, mais fort serrées par son ventre qui
« les pressait. Hors du gousset droit pendait une grande chaîne d'argent, avec une machine
« très merveilleuse au bout. Nous lui avons commandé de tirer hors du gousset tout ce qui
« tenait à cette chaîne; cela paraissait un globe dont la moitié était d'argent, et l'autre d'un
« métal transparent. Sur ce dernier côté, nous avons vu certaines figures étranges tracées
« circulairement; nous avons cru que nous pourrions les toucher, mais nos doigts ont été
« arrêtés par cette substance diaphane. Il a appliqué cette machine à nos oreilles : elle faisait un
« bruit continuel, à peu près celui d'un moulin à eau, et nous avons conjecturé que c'est ou
« quelque animal inconnu, ou la divinité qu'il adore; mais nous penchons plutôt du côté de la
« dernière opinion, parce qu'il nous a assuré (si nous l'avons bien entendu, car il s'exprimait

Ils tombèrent tous à la renverse, comme s'ils eussent été frappés du tonnerre.

« fort imparfaitement) qu'il agissait rarement sans l'avoir consultée ; il l'appelait son oracle, et
« disait qu'elle marquait le temps pour chacune des actions de sa vie. Du gousset gauche il tira
« un filet presque assez large pour servir à un pêcheur, mais qui s'ouvrait et se fermait comme
« une bourse ; nous avons trouvé dedans plusieurs pièces massives d'un métal jaune : si elles
« sont en or véritable, elles doivent avoir une immense valeur.

     « Ayant ainsi, par obéissance aux ordres de Votre Majesté, fouillé exactement toutes ses
« poches, nous avons observé autour de son corps une ceinture faite de la peau de quelque
« animal monstrueux, à laquelle, du côté gauche, pendait une épée de la longueur de cinq
« hommes, et du côté droit, une bourse ou poche partagée en deux cellules capables de contenir
« chacune trois sujets de Votre Majesté. Dans une de ces cellules il y avait plusieurs globes ou
« balles d'un métal très pesant, environ de la grosseur de notre tête, et qui exigeait une main
« très forte pour les soulever ; l'autre cellule contenait un amas de certaines graines noires,
« mais peu grosses et assez légères, car il en pouvait tenir plus de cinquante dans la paume
« de nos mains.

     « Tel est l'inventaire exact de tout ce que nous avons trouvé sur le corps de l'homme-
« montagne, qui nous a reçus avec beaucoup de civilité et tous les égards dus à la commission
« de Votre Majesté. Signé et scellé le quatrième jour de la quatre-vingt-neuvième lune du
« règne bienheureux de Votre Majesté.

« Hessen Freloch.

« Marsi Freloch. »

Quand cet inventaire eut été lu en présence de l'empereur, il m'ordonna en des termes
honnêtes de lui livrer toutes ces choses. D'abord il me demanda mon sabre, et je le détachai :
il avait donné ordre à trois mille hommes de ses meilleures troupes qui l'accompagnaient de
m'environner à quelque distance avec leurs arcs et leurs flèches, prêts à tirer sur moi ; mais
je ne m'en aperçus pas dans le moment, parce que mes yeux étaient fixés sur Sa Majesté. Il
me pria donc de tirer mon sabre, qui, bien qu'un peu rouillé par l'eau de mer, était néanmoins
assez brillant pour éblouir les troupes, qui jetèrent de grands cris. Le monarque me commanda
de remettre mon arme dans le fourreau, et de la jeter à terre aussi doucement que je pourrais,
environ à six pieds de distance de ma chaîne. La seconde chose qu'il me demanda fut un de
ces piliers creux en fer, par lesquels il entendait mes pistolets de poche ; je les lui présentai, et
par son ordre je lui en expliquai l'usage comme je pus, et ne les chargeant que de poudre,
j'avertis l'empereur de n'être point effrayé, et puis je les tirai en l'air. L'étonnement, à cette
occasion, fut plus grand qu'à la vue de mon sabre : ils tombèrent tous à la renverse, comme
s'ils eussent été frappés du tonnerre ; et même l'empereur, qui était très brave, fut quelque

temps avant de revenir de sa frayeur. Je lui remis mes deux pistolets de la même manière que mon sabre, avec mes sacs de plomb et de poudre, l'avertissant de ne pas approcher le sac de poudre du feu, s'il ne voulait pas voir son palais impérial sauter en l'air; ce qui le surprit beaucoup. Je lui remis aussi ma montre, qu'il fut fort curieux de voir; et il commanda à deux de ses gardes les plus grands de la porter sur leurs épaules, suspendue à un grand bâton, comme les charretiers des brasseurs portent un baril de bière en Angleterre. Il était étonné du bruit continuel qu'elle faisait et du mouvement de l'aiguille qui marquait les minutes, et qu'il pouvait aisément suivre des yeux, la vue de ces peuples étant bien plus perçante que la nôtre.

Ensuite je livrai mes pièces d'argent et de cuivre, ma bourse, avec neuf grosses pièces d'or, et quelques-unes plus petites, mon peigne, ma tabatière d'argent, mon mouchoir et mon journal. Mon sabre, mes pistolets de poche et mes sacs de poudre et de plomb furent transportés à l'arsenal de Sa Majesté; mais tout le reste fut laissé chez moi.

J'avais une poche en particulier, qui ne fut point visitée, dans laquelle il y avait une paire de lunettes, dont je me sers quelquefois à cause de la faiblesse de mes yeux, un télescope, avec plusieurs autres bagatelles que je crus peu intéressantes pour l'empereur, et que, pour cette raison, je ne découvris point aux commissaires, appréhendant qu'elles ne fussent gâtées ou perdues si je venais à m'en dessaisir.

CHAPITRE III

L'auteur divertit l'empereur et les grands de l'un et de l'autre sexe d'une manière fort extraordinaire. — Description des divertissements de la cour de Lilliput. — L'auteur est mis en liberté à certaines conditions. — Sa manière de vivre et de recevoir des visites.

A douceur et ma bonne conduite m'avaient tellement gagné la faveur de l'empereur et de sa cour, même du peuple et de l'armée, que j'espérais obtenir bientôt ma liberté, et je n'oubliais rien pour entretenir ma popularité. Par degrés, les Lilliputiens s'étaient familiarisés avec moi, au point que je me couchais à terre et permettais à une compagnie de jeunes gens de danser et de jouer à cache-cache dans mes cheveux. J'avais fait alors de grands progrès dans la connaissance de leur langue, soit pour l'entendre, soit pour la parler. L'empereur voulut à son tour me donner le spectacle de certains jeux dans lesquels ces peuples surpassent tous ceux que j'ai vus. J'admirai surtout une danse exécutée sur un fil très mince long de deux pieds et demi.

Ceux qui pratiquent cet exercice sont les aspirants aux grands emplois et à la faveur du monarque. Ils sont pour cela formés dès leur jeunesse à ce noble jeu, et lorsqu'une grande charge est vacante, cinq ou six prétendants présentent une requête à l'empereur pour avoir la permission de divertir Sa Majesté et sa cour d'une danse sur la corde; et celui qui saute le plus haut sans tomber obtient la charge.

Il y a un autre divertissement exclusivement réservé pour l'empereur, l'impératrice et le premier ministre. L'empereur met sur une table trois fils de soie très déliés, longs de six pouces; l'un est cramoisi, le second jaune, et le troisième blanc. Ces fils sont proposés comme des prix à ceux que l'empereur veut distinguer par une marque singulière de sa faveur. La cérémonie a lieu dans la grand'chambre d'audience de Sa Majesté, où les concurrents sont obligés de donner une preuve de leur habileté, telle que je n'ai rien vu de semblable dans aucun autre pays de l'ancien ou du nouveau monde.

L'empereur tient un bâton, les deux bouts parallèles à l'horizon, tandis que les concurrents, s'avançant successivement, sautent par-dessus le bâton, ou bien se glissent par-dessous, suivant la hauteur à laquelle le bâton est tenu; quelquefois le souverain tient l'un des bouts du bâton, et son premier ministre l'autre; souvent aussi le ministre tient les deux bouts. Le sauteur le plus agile et le plus souple reçoit en récompense le cordon rouge; le jaune est donné au second sauteur, le blanc au troisième. Ils portent ces fils de soie comme des baudriers, et l'on voit peu de personnes considérables sans cette distinction.

Les chevaux des troupes et ceux des écuries impériales ayant été journellement exercés devant moi, je ne leur causais plus aucune frayeur. On leur faisait franchir ma main posée à terre, et l'un des piqueurs de l'empereur sauta par-dessus mon pied chaussé, effort vraiment prodigieux. Je m'avisai d'un autre amusement qui eut un grand succès. Je priai l'empereur de me faire apporter quelques bâtons de deux pieds de haut et de la grosseur d'une canne ordinaire, et Sa Majesté ordonna au grand forestier de me procurer ce que je demandais. Le lendemain, six bûcherons, conduisant un nombre égal de voitures traînées par huit chevaux, arrivèrent avec les pièces de bois. J'en pris neuf que j'enfonçai en terre de manière à former un carré de deux pieds et demi; je tendis mon mouchoir sur ces piquets, jusqu'à ce qu'il fût aussi tendu qu'une peau de tambour; et quatre bâtons, dépassant le mouchoir de cinq pouces aux quatre coins, servirent à établir une sorte de parapet. Ce travail terminé, j'invitai l'empereur à faire manœuvrer sur cette plate-forme vingt-quatre de ses meilleurs cavaliers : le prince agréa ma proposition, et je pris les hommes et leurs officiers tout montés et tout armés, et les plaçai un à un sur le mouchoir. Là ils exécutèrent un combat simulé avec une précision, un ensemble de mouvements admirable. L'empereur prit grand plaisir à ce spectacle et le fit répéter plusieurs fois; il voulut même se laisser placer sur le plateau et commander les évolutions. Il engagea aussi l'impératrice à me permettre de la tenir dans sa chaise à porteurs à deux pieds de distance de l'arène, et cette princesse consentit, non sans beaucoup de peine, à voir cette manière de petite guerre. Par un grand bonheur, il n'arriva aucun accident grave : seulement le cheval d'un capitaine fit un trou dans mon mouchoir en piaffant, et tomba avec son cavalier. Je les relevai tous deux à l'instant, et, posant une main sur le trou, je descendis avec l'autre les cavaliers. Le cheval tombé en fut quitte pour une entorse, son maître n'eut rien; cependant je ne voulus pas risquer davantage ce jeu.

Pendant un de ces exercices, un exprès vint annoncer à l'empereur une découverte singulière faite à la place où j'avais été d'abord aperçu. C'était un grand objet noir dont les bords s'étendaient circulairement à la largeur de la chambre royale, et dont le milieu s'élevait en forme de pyramide tronquée à la hauteur de deux hommes. On ne croyait pas que cela eût vie, et plusieurs personnes étant montées sur les épaules l'une de l'autre jusqu'à la cime plate unie du cylindre, elles avaient découvert, en frappant dessus avec leurs pieds, que l'intérieur était creux. On avait supposé que cette machine pouvait appartenir à l'homme-montagne, et l'on proposait, si tel était le cas, de la faire transporter à la capitale. Je devinai à l'instant qu'il s'agissait de mon chapeau et suppliai Sa Majesté de donner ordre qu'il me fût rapporté le plus tôt possible. Cela fut fait, et il arriva le jour suivant, non en aussi bon état que je l'aurais désiré, mais moins détérioré qu'il aurait pu l'être. On avait percé deux trous dans les bords, et fixé deux crampons dans ces trous; puis une longue corde fut passée dans ces crochets et attachée au collier du premier de cinq forts chevaux qui traînèrent mon chapeau pendant un trajet d'un demi-mille. Heureusement le sol du pays était uni et mou, autrement mon couvre-chef n'aurait pas résisté à ce voyage.

Deux jours après, l'empereur eut la plus singulière fantaisie. Il ordonna aux troupes qui se trouvaient dans le voisinage de la capitale de se préparer pour une revue, et me pria de me tenir dans la posture du colosse de Rhodes, les pieds aussi éloignés l'un de l'autre que je pourrais; ensuite il commanda à son général, vieux capitaine fort expérimenté, de ranger les troupes en ordre de bataille, et de les faire passer en revue entre mes deux jambes, l'infanterie par vingt-quatre de front, et la cavalerie par seize, tambours battants, enseignes déployées, et piques hautes. Ce corps était composé de trois mille hommes d'infanterie et de mille de cavalerie. Sa Majesté prescrivit, sous peine de mort, à tous les soldats d'observer dans la marche la bienséance la plus exacte à l'égard de ma personne : ce qui n'empêcha pas quelques-uns des jeunes officiers de lever en haut leurs yeux en passant au-dessous de moi. Et pour confesser la vérité, ma culotte était alors en si mauvais état, qu'elle leur donna occasion de rire.

J'avais présenté ou envoyé tant de mémoires et de requêtes pour ma liberté, que Sa Majesté à la fin proposa l'affaire, premièrement au conseil des dépêches, et puis au conseil d'État, où il n'y eut d'opposition que de la part du ministre Skyresh Bolgolam, qui jugea à propos, sans aucun sujet, de se déclarer contre moi; mais tous les autres conseillers me furent favorables, et l'empereur appuya leur avis. Ce ministre, qui était *galbet*, c'est-à-dire grand-amiral, avait mérité la confiance de son maître par son habileté dans les affaires; mais il était d'un esprit aigre et fantasque. Il obtint que les conditions de ma liberté seraient réglées par lui-même. Ces articles me furent apportés par Skyresh Bolgolam en personne, accompagné de deux sous-secrétaires, et de plusieurs personnes de distinction. On me dit d'en promettre l'observation par serment, prêté d'abord à la façon de mon pays, et ensuite à la manière ordonnée par leurs lois, qui fut de tenir l'orteil de mon pied droit dans ma main gauche, de mettre le doigt du milieu de ma main droite sur le haut de ma tête, et le pouce sur la pointe de mon oreille droite. Mais, comme le lecteur peut être curieux de connaître le style de cette cour et les articles préliminaires de ma délivrance, j'ai fait une traduction de l'acte entier mot pour mot.

GOLBASTO MOMAREN EULAMÉ GURDILO SHEFIN MULLY ULLY GUÉ, très puissant empereur de Lilliput, les délices comme la terreur de l'univers, dont les États s'étendent à cinq mille *blustrugs* (c'est-à-dire environ six lieues en circuit) aux extrémités du globe, souverain de tous les souverains, le plus grand des fils des hommes, dont les pieds pressent la terre jusqu'au centre, dont la tête touche le soleil, dont un clin d'œil fait trembler les genoux des potentats, aimable comme le printemps, brillant comme l'été, abondant comme l'automne, terrible comme l'hiver, à tous nos sujets amés et féaux, salut. Sa Très Haute Majesté propose à l'homme-montagne les articles suivants, lesquels, pour préliminaire, il sera obligé de ratifier par un serment solennel.

I. L'homme-montagne ne sortira point de nos États sans notre permission scellée du grand sceau.

II. Il ne prendra point la liberté d'entrer dans notre capitale sans notre ordre exprès, afin que les habitants soient avertis deux heures auparavant de se tenir renfermés chez eux.

III. Ledit homme-montagne bornera ses promenades à nos principaux grands chemins, et se gardera de se promener ou de se coucher dans un pré ou pièce de blé.

IV. En se promenant par lesdits chemins, il prendra tout le soin possible de ne fouler aux

3

pieds les corps d'aucun de nos fidèles sujets, ni leurs chevaux ou voitures; il ne prendra aucun de nos dits sujets dans ses mains, si ce n'est de leur consentement.

V. S'il est nécessaire qu'un courrier du cabinet fasse quelque course extraordinaire, l'homme-montagne sera obligé de porter dans sa poche ledit courrier durant six journées, une fois toutes les lunes, et de remettre ledit courrier (s'il en est requis) sain et sauf en notre présence impériale.

VI. Il sera notre allié contre nos ennemis de l'île de Blefuscu, et fera tout son possible pour faire périr la flotte qu'ils arment actuellement pour faire une descente sur nos terres.

VII. Ledit homme-montagne, à ses heures de loisir, prêtera son secours à nos ouvriers, en les aidant à élever certaines grosses pierres, pour achever les murailles de notre grand parc et de nos bâtiments impériaux.

VIII. Après avoir fait le serment solennel d'observer les articles ci-dessus énoncés, ledit homme-montagne aura une provision journalière de viande et de boisson suffisante à la nourriture de dix-huit cent soixante et quatorze de nos sujets, avec un accès libre auprès de notre personne impériale et autres marques de notre faveur.

Donné en notre palais, à Belsaborac, le douzième jour de la quatre-vingt-onzième lune de notre règne.

Je prêtai le serment et signai tous ces articles avec une grande joie, quoique quelques-uns ne fussent pas aussi honorables que je l'eusse souhaité; ce qui fut l'effet de la malice du grand-amiral Skyresh Bolgolam. On m'ôta mes chaînes, et je fus mis en liberté. L'empereur me fit l'honneur d'être présent à la cérémonie de ma délivrance. Je rendis de très humbles actions de grâces à Sa Majesté, en me prosternant à ses pieds; mais il me commanda de me lever, et cela dans les termes les plus obligeants.

C'est peut-être ici le lieu de parler de ma façon de vivre en ce pays pendant un séjour de neuf mois et treize jours. Je m'étais fait moi-même une table et un fauteuil assez commodes, avec le bois des plus grands arbres du parc royal. Deux cents couturières étaient chargées de faire mon linge avec la plus forte toile que l'on put trouver, mise en plusieurs doubles et piquée. Leurs toiles ont en général trois pouces de largeur, et la longueur de trois pieds forme une pièce. Les lingères prirent ma mesure lorsque j'étais couché, l'une se plaçant sur mon cou, l'autre sur le gras de ma jambe, et tenant chacune une grosse corde, tandis qu'une troisième mesurait la longueur de la corde avec une règle d'un pouce. Après cela, elles mesurèrent le tour de mon pouce, et ce fut assez, parce qu'elles avaient calculé, par une opération mathéma-tique, que deux fois la circonférence de mon pouce formait celle de mon poignet; qu'en doublant celle-ci, on avait le tour de mon cou, et qu'en doublant ce dernier, on avait la grosseur de ma taille. Je déployai ensuite sur le plancher une de mes vieilles chemises, et elles l'imitèrent fort exactement. Trois cents tailleurs furent employés à la confection de mes habits, et s'avisèrent d'un autre moyen pour prendre leurs mesures. Je me mis à genoux; ils dressèrent contre mon corps une échelle; un d'eux y monta jusqu'à la hauteur de mon cou, et laissa tomber un plomb de mon collet à terre, ce qui donna la longueur de mon habit. Je pris moi-même la mesure du corps et des bras. Ils travaillèrent chez moi, aucune de leurs maisons ne pouvant contenir des pièces de la grandeur de mes vêtements, qui ressemblaient, lorsqu'ils furent achevés, à ces couvertures composées de petits morceaux carrés cousus ensemble; seulement ils étaient tous de la même couleur.

Trois cents cuisiniers préparaient mes repas dans des baraques construites autour de ma maison, où ils logeaient eux et leurs familles, et ils étaient chargés de me fournir deux plats à chaque service. Je prenais une vingtaine de laquais et les plaçais sur ma table; une centaine de leurs camarades se tenaient en bas, les uns apportant les mets, les autres le vin et les liqueurs sur leurs épaules; et ceux qui étaient sur la table déchargeaient les porteurs de ces objets à mesure que j'en avais besoin, en se servant d'une sorte de poulie. Un de leurs plats formait une bouchée, et un baril une gorgée raisonnable. Leur mouton ne vaut pas le nôtre, mais leur bœuf est parfait. On me servit une fois un aloyau dont je fus obligé de faire trois bouchées; mais c'était une rareté. Mes domestiques étaient émerveillés de me voir manger ce rôti, os et viande, comme nous croquons la cuisse d'une mauviette. Je faisais en général une seule bouchée de leurs oies et de leurs dindons, et je prenais une trentaine de leurs petits oiseaux à la pointe de mon couteau.

Un jour Sa Majesté voulut, comme il lui plut de s'exprimer, avoir le plaisir de dîner avec moi, avec la reine et les jeunes princes. Ils vinrent donc, et je les plaçai dans des fauteuils sur ma table, en face de moi, avec leurs gardes autour d'eux. Flimnap, le grand trésorier, les accompagnait aussi, et j'observai qu'il me regardait d'un mauvais œil; mais je ne fis pas semblant de m'en apercevoir, et je mangeai plus que de coutume, pour faire honneur à ma chère patrie et remplir ces étrangers d'admiration. J'ai quelques raisons de croire que Flimnap prit occasion de cette visite pour me desservir auprès de son maître. Ce ministre avait toujours été mon ennemi secret, bien qu'il me fît un accueil que l'on n'aurait pas dû attendre de son caractère morose. Il représenta à l'empereur la pénurie de ses finances, qui le forçait d'emprunter de l'argent à très gros intérêts, les bons du trésor étant tombés à neuf pour cent au-dessous du pair; il rappela que j'avais coûté plus d'un million et demi de leurs pièces d'or, et qu'il serait expédient de saisir le premier prétexte qui pourrait s'offrir pour me renvoyer honnêtement.

Je recevais d'ailleurs souvent des visites de personnages de la cour. Lorsqu'un laquais m'avait annoncé une visite, j'allais à la porte, j'offrais mes respects, et je prenais ensuite la voiture et les chevaux bien soigneusement (s'il y en avait six, le postillon en dételait quatre), et je les plaçais sur une table pourvue d'un bord, afin de prévenir tout accident. J'ai souvent eu quatre équipages sur ma table, pendant qu'assis dans mon fauteuil je causais avec les dames, qui restaient dans leurs voitures; et tandis que je m'occupais d'une compagnie, les cochers faisaient filer doucement les autres carrosses autour de la table. J'ai passé des soirées très agréables de cette manière.

CHAPITRE IV

Description de Mildendo, capitale de Lilliput, et du palais de l'empereur. — Mœurs des habitants de Lilliput.— Conversation entre l'auteur et un secrétaire d'État, touchant les affaires de l'empire. — Offres que l'auteur fait de servir l'empereur dans ses guerres.

A première requête que je présentai, après avoir obtenu ma liberté, fut pour avoir la permission de voir Mildendo, capitale de l'empire; ce que l'empereur m'accorda, mais en me recommandant de ne faire aucun mal aux habitants, ni aucun tort à leurs maisons. Le peuple en fut averti par une proclamation qui annonçait le dessein que j'avais de visiter la ville. La muraille qui l'environnait était haute de deux pieds et demi, et épaisse au moins de onze pouces; en sorte qu'un carrosse pouvait aller dessus et faire le tour de la ville en sûreté : cette muraille était flanquée de fortes tours à dix pieds de distance l'une de l'autre. Je passai par-dessus la porte occidentale, et je marchai très lentement de ce côté par les deux principales rues, n'ayant qu'un pourpoint, de peur d'endommager les toits et les gouttières des maisons par les pans de mon justaucorps. J'allais avec une extrême circonspection, craignant de fouler aux pieds quelques gens qui étaient restés dans les rues, nonobstant les ordres précis signifiés à tout le monde de se tenir chez soi durant ma marche. Les balcons, les fenêtres des premier, deuxième, troisième et quatrième étages, celles des greniers ou galetas et les gouttières même, étaient remplies d'une si grande foule de spectateurs, que je jugeai que la ville devait être considérablement peuplée. Cette ville forme un carré exact, chaque côté de la muraille ayant cinq cents pieds de long. Les deux grandes rues, qui se croisent, et la partagent en quatre quartiers égaux, ont cinq pieds de large; les petites rues, dans lesquelles je ne pus entrer, sont larges de douze à dix-huit pouces. La ville est capable de contenir cinq cent mille âmes. Les maisons sont de trois ou de quatre étages. Les boutiques et les marchés sont bien fournis. Il y avait autrefois bon opéra et bonne comédie; mais, faute d'auteurs encouragés par les libéralités du prince, il n'y a plus rien qui vaille dans ce genre.

Le palais de l'empereur, situé dans le centre de la ville, où les deux grandes rues se rencontrent, est entouré d'une muraille haute de vingt-trois pouces, et à vingt pieds de distance des bâtiments. Sa Majesté m'avait permis d'enjamber par-dessus cette muraille, pour voir son palais de tous les côtés. La cour extérieure est un carré de quarante pieds, et comprend deux autres cours. C'est dans la plus intérieure que sont les appartements de Sa Majesté, que j'avais un grand désir de voir; ce qui était pourtant bien difficile, car les plus grandes portes n'étaient que de dix-huit pouces de haut et de sept pouces de large. De plus, les bâtiments de la cour extérieure étaient au moins hauts de cinq pieds, et il m'était impossible d'enjamber par-dessus sans courir risque de briser les ardoises des toits; car pour les murailles, elles étaient solidement bâties de pierres de taille épaisses de quatre pouces. L'empereur avait néanmoins grande envie que je visse la magnificence de son palais; mais je ne fus en état de le faire qu'au bout de trois jours, lorsque j'eus coupé avec mon couteau quelques arbres des plus grands du parc impérial, éloigné de la ville d'environ cinquante toises. De ces arbres je fis deux tabourets, chacun de trois pieds de haut, et assez fort pour soutenir le poids de mon corps. Le peuple ayant donc été averti pour la seconde fois, je passai encore au travers de la ville, et m'avançai vers le palais, tenant mes deux tabourets à la main. Quand je fus arrivé à un côté de la cour extérieure, je montai sur un de mes tabourets et pris l'autre à la main. Je fis passer celui-ci par-dessus le toit, et le descendis doucement à terre, dans l'espace qui était entre la première et la seconde cour, lequel avait huit pieds de large. Je passai ensuite très commodément par-dessus les bâtiments par le moyen des deux tabourets; et quand je fus en dedans, je tirai avec un crochet le tabouret qui était resté en dehors. Par cette invention j'entrai jusque dans la cour la plus intérieure, où, me couchant sur le côté, j'appliquai mon visage à toutes les fenêtres du premier étage, qu'on avait exprès laissées ouvertes, et je vis les appartements les plus magnifiques qu'on puisse imaginer. Je vis l'impératrice et les jeunes princesses dans leurs chambres, environnées de leur suite. Sa Majesté Impériale voulut bien m'honorer d'un sourire très gracieux, et me donna par la fenêtre sa main à baiser.

Quoique j'aie le dessein de renvoyer la description de l'empire de Lilliput à un traité particulier, je crois cependant devoir en donner ici au lecteur quelque idée générale. La taille ordinaire des gens du pays est un peu au-dessous de six pouces; tous les autres animaux, aussi bien que les plantes et les arbres, sont à l'égard des hommes dans la même proportion que l'on observe entre ces objets et nous. Par exemple, les chevaux et les bœufs les plus hauts sont de quatre à cinq pouces, les moutons d'un pouce et demi, plus ou moins, les oies environ de la grosseur d'un moineau, et ainsi de suite jusqu'aux insectes, qui étaient presque invisibles pour moi; mais la nature a su approprier les yeux des habitants de Lilliput à tous les objets de leur vue. Ils ont ce sens d'une grande justesse, mais d'une étendue très petite. Pour faire concevoir combien leur vue est perçante à l'égard des choses de sa portée, je dirai que je vis une fois un cuisinier plumant une alouette qui n'était pas aussi grosse qu'une mouche ordinaire, et une jeune fille enfilant une aiguille invisible avec de la soie pareillement invisible.

Leurs arbres ont sept pieds de haut, et les autres végétaux sont dans la même proportion.

Je dirai peu de chose des sciences que ce peuple cultive depuis plusieurs siècles dans toutes leurs branches; je citerai seulement son écriture singulière. Elle n'est pas tracée de gauche à droite, comme celle des Européens; ni de droite à gauche, comme celle des Arabes; ni de bas en haut, comme celle des Chinois; mais obliquement et d'un angle du papier à l'autre, comme celle des dames d'Angleterre.

Ils enterrent les morts la tête en bas, parce qu'ils s'imaginent que dans onze mille lunes tous les hommes doivent ressusciter; qu'alors la terre, qu'ils croient plate, se tournera sens dessus dessous, et que, par ce moyen, au moment de la résurrection, chacun se trouvera sur ses pieds. Les savants reconnaissent l'absurdité de cette opinion; mais l'usage subsiste, parce qu'il est ancien et appuyé sur les préjugés du peuple.

Quinze jours après que j'eus obtenu ma liberté, Reldresal, secrétaire d'État pour le département des affaires particulières, se rendit chez moi, suivi d'un seul domestique. Il ordonna que son carrosse l'attendît à quelque distance, et me pria de lui donner une heure d'attention. Je lui offris de me coucher, afin qu'il pût être de niveau à mon oreille; mais il aima mieux que je le tinsse dans ma main pendant la conversation. Il commença par me faire des compliments sur ma liberté, et me dit qu'il pouvait se flatter d'y avoir un peu contribué. Puis il ajouta que, sans l'intérêt que la cour y avait mis, je ne l'eusse pas si tôt obtenue; « car, dit-il, nous sommes menacés d'une invasion de la part de l'île de Blefuscu, qui est l'autre grand empire de l'univers, presque aussi vaste et aussi puissant que celui-ci, car, à parler franchement, nos philosophes doutent fort de l'existence, dans notre monde, de ces États desquels vous nous avez entretenus et qui seraient habités par des créatures humaines aussi grosses et aussi grandes que vous; ils sont plus disposés à croire que vous êtes tombé de la lune ou d'une des étoiles, parce qu'il est certain qu'une centaine de mortels de votre grosseur consommeraient dans peu de temps tous les fruits et tous les bestiaux des États de Sa Majesté. D'ailleurs, nos historiens, depuis six mille lunes, ne font mention d'aucunes autres régions que des deux grands empires de Lilliput et de Blefuscu. Ces deux formidables puissances ont, comme j'allais vous le dire, été engagées pendant trente-six lunes dans une guerre très opiniâtre dont voici le sujet. Tout le monde convient que la manière primitive de casser les œufs avant de les manger est de les casser au gros bout; mais l'aïeul de Sa Majesté régnante, pendant qu'il était enfant, voulant casser un œuf à l'ancienne manière, eut le malheur de se couper le doigt; sur quoi l'empereur son père ordonna à tous ses sujets sous de graves peines, de casser leurs œufs par le petit bout. Le peuple fut si irrité de cette loi, que nos historiens racontent qu'il y eut à cette occasion six révoltes, dans lesquelles un empereur perdit la vie, et l'autre la couronne. Ces dissensions intestines furent toujours fomentées par les souverains de Blefuscu; et quand les soulèvements étaient réprimés, les coupables se réfugiaient dans cet empire. On suppose que onze mille hommes ont, à différentes époques, subi la mort plutôt que de se soumettre à la loi de casser leurs œufs par le petit bout.

« Plusieurs centaines de gros volumes ont été écrits et publiés sur cette matière; mais les livres des *gros-boutiens* ont été défendus depuis longtemps, et tout leur parti a été déclaré par les lois incapable de posséder des charges. Pendant la suite continuelle de ces troubles, les empereurs de Blefuscu ont souvent fait des remontrances par leurs ambassadeurs, nous accusant de faire un crime en violant un précepte fondamental de notre grand prophète Lustrogg, dans le cinquante-quatrième chapitre du *Blundecral* (qui est leur Alcoran). Cependant il s'agissait simplement d'une interprétation différente du texte dont voici les mots : *Que tous les fidèles casseront leurs œufs au bout le plus commode.* On doit, à mon avis, laisser décider à la conscience de chacun quel est le bout le plus commode : ou au moins c'est à l'autorité du souverain magistrat d'en décider. Or, les *gros boutiens* exilés ont trouvé tant de crédit à la cour de l'empereur de Blefuscu, et tant de secours et d'appui dans notre pays même, qu'une guerre très sanglante a régné entre les deux empires pendant trente-six lunes à ce sujet, avec différents succès.

« Dans cette guerre nous avons perdu quarante vaisseaux de ligne et un bien plus grand nombre de petits vaisseaux, avec trente mille de nos meilleurs matelots et soldats : on compte que la perte de l'ennemi n'est pas moins considérable. Quoi qu'il en soit, il arme à présent une flotte très redoutable, et se prépare à faire une descente sur nos côtes. Or, Sa Majesté Impériale, mettant sa confiance en votre valeur, et ayant une haute idée de vos forces, m'a commandé de vous donner ce détail au sujet de ses affaires, afin de savoir quelles sont vos dispositions à son égard. »

Je répondis au secrétaire que je le priais d'assurer l'empereur de mes très humbles respects, et de lui faire savoir que j'étais prêt à sacrifier ma vie pour défendre sa personne sacrée et son empire contre toutes les entreprises et invasions de ses ennemis. Il me quitta, fort satisfait de ma réponse.

CHAPITRE V

L'auteur, par un stratagème très extraordinaire, s'oppose à une descente des ennemis. — L'empereur le fait grand de première classe. — Des ambassadeurs arrivent de la part de l'empereur de Blefuscu pour demander la paix.

'EMPIRE de Blefuscu est une île située au nord-nord-est de Lilliput, dont elle n'est séparée que par un canal de quatre cents toises de large. Je ne l'avais pas encore vu; et, sur l'avis d'une descente projetée, je me gardai bien de paraître de ce côté-là, de peur d'être découvert par quelques vaisseaux de l'ennemi, chez lequel on n'avait aucune connaissance de ma venue, les communications étant depuis très longtemps strictement défendues entre les deux pays.

Je fis part à l'empereur du projet que j'avais formé pour me rendre maître de toute la flotte des ennemis, qui, selon le rapport de ceux que nous envoyions à la découverte, était dans le port, prête à mettre à la voile au premier vent favorable. Je consultai les marins les plus expérimentés pour apprendre d'eux qu'elle était la profondeur du canal, et ils me dirent qu'au milieu, dans la plus haute marée, il était profond de soixante et dix *glumgluffs* (c'est-à-dire d'environ six pieds, mesure d'Europe), et le reste de cinquante *glumgluffs* au plus. Je m'en allai secrètement vers la côte nord-est, vis-à-vis de Blefuscu; et, me couchant derrière une colline, je tirai ma lunette et vis la flotte de l'ennemi, composée de cinquante vaisseaux de guerre et d'un grand nombre de vaisseaux de transport. M'étant ensuite retiré, je donnai ordre de fabriquer une grande quantité de câbles les plus forts qu'on pourrait avec des barres de fer. Les câbles devaient être de la grosseur d'une double ficelle, et les barres de la longueur et de la grosseur d'une aiguille à tricoter. Je triplai le câble pour le rendre encore plus fort; et, pour la même raison, je tortillai ensemble trois des barres de fer, et attachai à chacune un crochet. Je retournai à la côte nord-est; et, quittant mon justaucorps, mes souliers et mes bas, j'entrai dans la mer. Je marchai d'abord dans l'eau avec toute la vitesse que je pus, et ensuite je nageai au milieu, environ quinze toises, jusqu'à ce que j'eusse trouvé pied. J'arrivai à la flotte en moins

... puis, conduisant ma prise, j'arrivai bientôt dans le port impérial de Lilliput.

d'une demi-heure. Les ennemis furent tellement frappés à mon aspect, qu'ils sautèrent tous hors de leurs vaisseaux comme des grenouilles, et s'enfuirent à terre : ils paraissaient être au nombre de trente mille hommes. Je pris alors mes câbles; et, attachant un crochet au trou de la proue de chaque vaisseau, je passai mes câbles dans les crochets.

Pendant que je travaillais, l'ennemi fit une décharge de plusieurs milliers de flèches, dont un grand nombre m'atteignit au visage et aux mains, et qui, outre la douleur excessive qu'elles me causèrent, me troublèrent fort dans mon ouvrage. Ma plus grande appréhension était pour mes yeux, que j'aurais infailliblement perdus si je ne me fusse promptement avisé d'un expédient : j'avais dans un de mes goussets une paire de lunettes que je tirai et attachai sur mon nez aussi fortement que je pus.

Armé de cette façon, comme d'une espèce de casque, je poursuivis mon travail en dépit de la grêle continuelle de flèches qui tombait sur moi. Ayant placé tous les crochets, je commençai à tirer; mais ce fut inutilement, tous les vaisseaux étant à l'ancre. Je coupai aussitôt avec mon couteau les câbles auxquels étaient attachées les ancres; ce qu'ayant achevé en peu de temps, je tirai aisément cinquante des plus gros vaisseaux, et les entraînai avec moi.

Les Blefuscudiens, qui n'avaient eu aucune idée de ce que je projetais, furent également surpris et confus. Ils m'avaient vu couper les câbles, et avaient cru que mon dessein n'était que de laisser flotter leurs bâtiments au gré du vent et de la marée, et de les faire heurter l'un contre l'autre; mais, quand ils me virent entraîner toute la flotte à la fois, ils jetèrent des cris de rage et de désespoir.

Ayant marché quelque temps et me trouvant hors de la portée des traits, je m'arrêtai un peu pour tirer toutes les flèches qui s'étaient attachées à mon visage et à mes mains; puis, conduisant ma prise, j'arrivai bientôt dans le port impérial de Lilliput.

L'empereur avec toute sa cour était sur le bord de la mer, attendant le succès de cette grande entreprise. Ils voyaient de loin avancer une flotte sous la forme d'un grand croissant; mais, comme j'étais dans l'eau jusqu'au cou, ils ne s'apercevaient pas que c'était moi qui la conduisais vers eux.

L'empereur crut donc que j'avais péri, et que la flotte de l'ennemi s'approchait pour faire une descente; mais ses craintes furent bientôt dissipées; car, ayant pris pied, on me vit à la tête de tous les vaisseaux, et l'on m'entendit crier d'une voix forte : *Vive le très puissant empereur de Lilliput!* Ce prince, à mon arrivée, me donna des louanges infinies, et sur-le-champ me créa *nardac,* qui est le plus haut titre d'honneur en ce pays.

4

Sa Majesté me pria de prendre des mesures pour amener dans ses ports tous les autres vaisseaux de l'ennemi. Les prétentions ambitieuses de ce prince ne le faisaient prétendre à rien moins qu'à se rendre maître de tout l'empire de Blefuscu, à en faire une province de son empire, à la faire gouverner par un vice-roi, à faire périr tous les exilés gros-boutiens, enfin à contraindre tous ses peuples à casser les œufs par le petit bout, ce qui l'aurait fait parvenir à la monarchie universelle; mais je tâchai de le détourner de ce dessein par plusieurs raisonnements fondés sur la politique et sur la justice, et je protestai hautement que je ne serais jamais l'instrument dont il se servirait pour opprimer un peuple libre, noble et courageux. Quand on eut délibéré sur cette affaire dans le conseil, la plus saine partie fut de mon avis.

Cette déclaration ouverte et hardie était si opposée aux projets et à la politique de Sa Majesté Impériale, qu'elle ne put jamais me la pardonner; elle en parla dans le conseil d'une manière très artificieuse. On me dit ensuite que plusieurs des plus sages conseillers témoignèrent par leur silence qu'ils étaient de mon avis; mais d'autres, qui me voulaient du mal secrètement, laissèrent échapper certaines expressions propres à me nuire d'une manière indirecte. Depuis ce temps, commença une sorte de ligue entre Sa Majesté et une junte de ministres, laquelle éclata contre moi environ deux mois après, et amena ma perte; tant il est vrai que les services les plus importants rendus aux souverains sont d'un poids bien léger lorsqu'ils sont mis en balance avec le refus de servir aveuglément leurs passions.

Environ trois semaines après mon éclatante expédition, il arriva une ambassade solennelle de Blefuscu avec des propositions de paix. Le traité fut bientôt conclu à des conditions très avantageuses pour l'empereur. L'ambassade était composée de six seigneurs, avec une suite de cinq cents personnes, et leur entrée fut conforme à la grandeur de leur maître et à l'importance de leur négociation.

Après la conclusion du traité, Leurs Excellences, étant averties secrètement des bons offices que j'avais rendus à leur nation, me firent une visite en cérémonie : ils commencèrent par m'adresser beaucoup de compliments sur ma valeur et sur ma générosité, et me prièrent de leur montrer quelques preuves de cette prodigieuse vigueur de laquelle on leur avait conté tant de merveilles. Je fis ce qu'ils me demandaient; ils parurent enchantés, et je les priai de présenter mes très humbles respects à Sa Majesté blefuscudienne, dont les vertus éclatantes étaient répandues par tout l'univers, et que j'avais dessein de saluer en personne avant de retourner dans mon pays.

Peu de jours après, je demandai à l'empereur la permission d'aller faire ma cour au grand roi de Blefuscu : il me répondit froidement qu'il le voulait bien : et un ami me dit à l'oreille que l'empereur avait regardé mes rapports avec ces ambassadeurs comme une marque de déloyauté. Il me faisait tort en cela; et j'entrevis alors ce que c'était que les cours et les ministres.

CHAPITRE VI

L'auteur, averti par un ami qu'on le voulait mettre en jugement pour crime de lèse-majesté, s'enfuit dans le royaume de Blefuscu.

VANT que je parle de ma sortie de l'empire de Lilliput, il peut être à propos d'instruire le lecteur d'une intrigue secrète qui se forma contre moi.

J'étais peu fait aux intrigues de cour, mon humble condition ne m'ayant pas permis de les connaître par expérience. J'avais, il est vrai, lu et entendu beaucoup de choses sur la conduite ordinaire des princes et des ministres; toutefois je ne m'attendais pas à en voir de si terribles effets dans un pays si éloigné des nôtres et gouverné en apparence par une politique si différente de celle de l'Europe. Ainsi, ne me doutant nullement de ce qui m'attendait, je me disposais à me rendre auprès de l'empereur de Blefuscu, lorsqu'une personne de grande considération à la cour, et à qui j'avais rendu des services importants, vint me trouver secrètement pendant la nuit, et entra chez moi avec sa chaise sans se faire annoncer. Les porteurs furent congédiés : je mis la chaise avec Son Excellence dans la poche de mon justaucorps; et, donnant ordre à mon domestique de tenir la porte de ma maison fermée, je mis la chaise sur la table et je m'assis auprès. Après les premiers compliments, je remarquai que l'air de ce ministre était triste et inquiet, et je lui en demandai la raison; il me pria de le vouloir bien écouter sur un sujet qui intéressait mon honneur et ma vie.

« Sachez, me dit-il, qu'on a convoqué depuis peu plusieurs comités secrets à votre sujet, et que depuis deux jours Sa Majesté a pris une fâcheuse résolution.

« Vous n'ignorez pas que Skyresh Bolgolam (galbet ou grand-amiral) a presque toujours été votre ennemi mortel depuis votre arrivée ici. Je n'en sais pas l'origine; mais sa haine s'est fort augmentée depuis votre expédition contre la flotte de Blefuscu : comme amiral, il est jaloux de ce grand succès. Ce seigneur, de concert avec Flimnap, grand trésorier, Limtoc, le général, Lalcon, le grand chambellan, et Balmuff, le grand juge, a dressé un acte d'accusation contre vous pour crime de lèse-majesté et autres crimes capitaux. »

Cet exorde me frappa tellement, que j'allais l'interrompre, quand il me pria de ne rien dire et de l'écouter, et il continua ainsi :

« Pour reconnaître les services que vous m'avez rendus, je me suis fait instruire de tout le procès, et j'ai obtenu une copie de l'acte : c'est une affaire dans laquelle je risque ma tête pour votre service. Écoutez :

Articles de l'accusation intentée contre Quinbus Flestrin (l'homme-montagne).

« Art. Ier. Considérant que, Quinbus Flestrin, ayant amené la flotte royale de Blefuscu dans notre port impérial, et lui ayant été ensuite enjoint par Sa Majesté Impériale de se rendre maître de tous les autres vaisseaux dudit royaume de Blefuscu, et de le réduire à la forme d'une province qui pût être gouvernée par un vice-roi de notre pays, et de faire périr et mourir non seulement tous les gros-boutiens exilés, mais aussi tous les Blefuscudiens qui refuseraient de renoncer à l'hérésie gros-boutienne; ledit Flestrin, comme un traître rebelle à Sa Très Heureuse et Impériale Majesté, aurait présenté une requête pour être dispensé dudit service, sous le prétexte frivole qu'il répugnait à contraindre les consciences et à détruire les libertés d'un peuple innocent ;

« Art. II. Que certains ambassadeurs étant venus depuis peu de la cour de Blefuscu pour demander la paix à Sa Majesté, ledit Flestrin, comme un sujet déloyal, aurait secouru, aidé et régalé lesdits ambassadeurs, quoiqu'il les connût pour être ministres d'un prince qui venait d'être récemment l'ennemi déclaré de Sa Majesté Impériale, et en guerre ouverte contre Sadite Majesté ;

« Art. III. Que ledit Quinbus Flestrin, contre le devoir d'un fidèle sujet, se disposerait actuellement à faire un voyage à la cour de Blefuscu, pour lequel il n'a reçu qu'une permission verbale de Sa Majesté Impériale; et, sous prétexte de ladite permission, se proposerait témérairement et perfidement de faire ledit voyage, et de secourir et soutenir le roi de Blefuscu. »

« Il y a encore d'autres articles, ajouta-t-il; mais ce sont les plus importants dont je viens de vous lire un abrégé.

« Dans les différentes délibérations sur cette accusation, il faut avouer que Sa Majesté a fait voir sa modération, sa douceur et son équité, représentant plusieurs fois vos services et tâchant de diminuer vos crimes. Le trésorier et l'amiral ont proposé de vous faire mourir d'une mort cruelle et ignominieuse, en mettant le feu à votre hôtel pendant la nuit; et le général devait vous attendre avec vingt mille hommes armés de flèches empoisonnées, pour vous frapper au visage et aux mains. Des ordres secrets devaient être donnés à quelques-uns de vos domestiques pour répandre un suc vénéneux sur vos chemises, lequel vous aurait fait bientôt déchirer votre propre chair, et mourir dans des tourments excessifs. Le général s'est rangé au même avis : en sorte que, pendant quelque temps, la pluralité des voix a été contre vous; mais Sa Majesté, résolue de vous sauver la vie, a gagné le suffrage du chambellan.

« Sur ces entrefaites, Reldresal, premier secrétaire d'État pour les affaires secrètes, a reçu ordre de l'empereur de donner son avis; ce qu'il a fait conformément à celui de Sa Majesté : et certainement il a bien justifié l'estime que vous avez pour lui : il a reconnu que vos crimes étaient grands, mais qu'ils méritaient néanmoins quelque indulgence; il a dit que l'amitié qui était entre vous et lui était si connue, que peut-être on pourrait le croire prévenu en votre faveur; que, cependant, pour obéir au commandement de Sa Majesté, il voulait dire son avis avec franchise et liberté; que si Sa Majesté, en considération de vos services et conformément à sa clémence accoutumée, voulait bien vous sauver la vie et se contenter de vous faire crever les deux yeux, cet expédient lui semblait satisfaire la justice, et ferait applaudir et la miséricordieuse pitié de l'empereur et l'équité généreuse de ceux qui avaient l'honneur d'être ses conseillers; que la perte de vos yeux ne ferait point obstacle à votre force corporelle, par laquelle vous pourriez être encore utile à Sa Majesté; que l'aveuglement sert à augmenter le courage en nous cachant les périls; que l'esprit en devient plus recueilli, et plus disposé à la découverte de la vérité; que la crainte que vous aviez pour vos yeux était la plus grande difficulté que vous aviez eue à surmonter en vous rendant maître de la flotte ennemie, et que ce serait assez que vous vissiez par les yeux des autres, puisque les plus puissants princes ne voient pas autrement.

« Cette proposition fut reçue avec un déplaisir extrême par toute l'assemblée. L'amiral Bolgolam se leva, et, transporté de fureur, dit qu'il était étonné que le secrétaire osât opiner pour la conservation de la vie d'un traître; que les services que vous aviez rendus étaient, selon les véritables maximes d'État, des crimes énormes; et que la même force qui vous avait mis en état d'entraîner toute la flotte de l'ennemi, pourrait servir à la reconduire, sur le premier mécontentement, à l'endroit d'où vous l'aviez tirée; qu'il avait des raisons très fortes de penser que vous étiez gros-boutien au fond de votre cœur; et parce que la trahison commence au cœur avant qu'elle paraisse dans les actions, comme gros-boutien, il vous déclara formellement traître et rebelle, et insista pour que vous fussiez mis à mort sans délai.

« Le trésorier fut du même avis. Il fit voir à quelles extrémités les finances de Sa Majesté étaient réduites par la dépense de votre entretien, ce qui deviendrait bientôt insoutenable; que l'expédient proposé par le secrétaire de vous crever les yeux, loin d'être un remède contre ce mal, l'augmenterait, selon toutes les apparences, comme cela est démontré par l'usage d'aveugler certaines volailles, qui, après cela, mangent encore davantage, et s'engraissent plus promptement; que Sa Majesté sacrée et le conseil, qui vous jugeaient, étaient dans leurs propres consciences persuadés de votre crime, ce qui était une preuve plus que suffisante pour vous condamner à mort, sans avoir recours à des preuves formelles requises par la lettre rigoureuse de la loi.

« Mais Sa Majesté Impériale, étant absolument déterminée à ne point vous faire mourir, dit gracieusement que, puisque le conseil jugeait la perte de vos yeux un châtiment trop léger, on pourrait en ajouter un autre. Et votre ami le secrétaire, priant avec soumission d'être écouté encore pour répondre à ce que le trésorier avait objecté touchant la grande dépense que Sa Majesté faisait pour votre entretien, dit que Son Excellence, qui seule avait la disposition des finances de l'empereur, pourrait remédier facilement à ce mal en diminuant votre table peu à peu, et que, par ce moyen, faute d'une quantité suffisante de nourriture, vous deviendriez faible et languissant, et perdriez l'appétit, et bientôt après la vie. Alors cinq ou six mille sujets de Sa Majesté pourraient détacher votre chair de vos os, et l'emporter par petites parties pour l'enterrer au loin, afin d'empêcher l'infection, laissant le squelette comme un monument curieux digne d'être conservé.

« Ainsi, par la grande amitié du secrétaire, toute l'affaire a été terminée à l'amiable; des ordres précis ont été donnés pour tenir secret le dessein de vous faire peu à peu mourir de faim. L'arrêt pour vous crever les yeux a été enregistré au greffe du conseil, personne ne s'y opposant, si ce n'est l'amiral Bolgolam. Dans trois jours le secrétaire aura ordre de se rendre chez vous, et de lire les articles de votre accusation en votre présence; et puis de vous faire savoir la grande clémence de Sa Majesté et du conseil, en ne vous condamnant qu'à la perte de vos yeux, à laquelle Sa Majesté ne doute pas que vous ne vous soumettiez avec la reconnaissance et l'humilité qui conviennent. Vingt des chirurgiens de Sa Majesté se rendront à sa suite, et exécuteront l'opération par la décharge adroite de plusieurs flèches très aiguës dans les prunelles de vos yeux lorsque vous serez couché à terre. C'est à vous de prendre les mesures que votre prudence vous suggérera. Pour moi, afin de prévenir les soupçons, il faut que je m'en retourne aussi secrètement que je suis venu. »

Son Excellence me quitta, et je restai seul, livré à la plus cruelle anxiété. L'usage introduit par ce prince et par son ministère (très différent, à ce qu'on m'assure, de l'usage des premiers temps) était qu'après que la cour avait ordonné un supplice pour satisfaire le ressentiment du souverain ou la malice d'un favori, l'empereur devait adresser une harangue à tout son conseil, dans laquelle sa douceur et sa clémence étaient citées comme des qualités reconnues de tout le monde. La harangue de l'empereur à mon sujet fut bientôt publiée par tout l'empire et le peuple fut terrifié par ces éloges de la clémence de Sa Majesté, parce qu'on avait remarqué que plus ces éloges étaient amplifiés, plus la condamnation à laquelle ils servaient de préambule était cruelle et injuste. Quant à moi, j'entendais si peu les affaires, que je ne pouvais décider si l'arrêt porté contre moi était doux ou rigoureux, juste ou injuste. Je ne songeai point à demander la permission de me défendre, j'aimais autant être condamné sans être entendu; car ayant autrefois assisté à plusieurs procès semblables, je les avais toujours vus terminés selon les instructions données aux juges, et au gré des accusateurs accrédités et puissants.

J'eus quelque envie de faire de la résistance : car, étant en liberté, toutes les forces de cet empire ne seraient pas venues à bout de moi, et j'aurais pu facilement, à coups de pierres, battre et renverser la capitale; mais je rejetai aussitôt ce projet avec horreur, me ressouvenant du serment que j'avais prêté à Sa Majesté, des grâces que j'avais reçues d'elle, et de la haute dignité de *nardac* qu'elle m'avait conférée. D'ailleurs je n'avais pas assez pris l'esprit de la cour pour me persuader que les rigueurs de Sa Majesté m'acquittaient de toutes les obligations que je lui avais.

Enfin je pris une résolution qui, selon les apparences, sera censurée de quelques personnes avec justice; car je confesse que ce fut une grande témérité à moi et un très mauvais procédé de ma part d'avoir voulu conserver mes yeux, ma liberté et ma vie, malgré les ordres de la cour.

Si j'avais mieux connu le caractère des princes et des ministres d'État, que j'ai depuis observés dans plusieurs autres cours, et leur manière de traiter des accusés moins criminels que moi, je me serais soumis sans difficulté à une peine si douce; mais emporté par le feu de la jeunesse, et ayant eu auparavant la permission de Sa Majesté Impériale de me rendre auprès du roi de Blefuscu, je me hâtai, avant l'expiration des trois jours, d'envoyer une lettre à mon ami le secrétaire, par laquelle je lui faisais savoir la résolution que j'avais prise de partir ce jour-là même pour Blefuscu, suivant la permission que j'avais obtenue; et, sans attendre la réponse, je m'avançai vers la côte de l'île où était la flotte. Je me saisis d'un gros vaisseau de guerre, j'attachai un câble à la proue; et levant les ancres, je me déshabillai, mis mon habit (avec ma couverture, que j'avais apportée sous mon bras) sur le vaisseau, et le tirant après moi, tantôt guéant, tantôt nageant, j'arrivai au port royal de Blefuscu, où le peuple m'avait attendu longtemps. On m'y fournit deux guides pour me conduire à la capitale, qui porte le même nom. Je les tins dans mes mains jusqu'à ce que je fusse arrivé à cent toises de la porte de la ville, et je les priai de donner avis de mon arrivée à un des secrétaires d'État et de lui faire savoir que j'attendais les ordres de Sa Majesté. On vint me dire au bout d'une heure que Sa Majesté, avec toute la maison royale, venait pour me recevoir. Je m'avançai de cinquante toises : le roi et sa suite descendirent de leurs chevaux, la reine avec les dames sortirent de leurs carrosses, et je n'aperçus pas qu'ils eussent peur de moi. Je me couchai à terre pour baiser les mains du roi et de la reine. Je dis à Sa Majesté que j'étais venu, suivant ma promesse, et avec la permission de l'empereur mon maître, pour avoir l'honneur de voir un si puissant prince, et lui offrir tous les services qui dépendaient de moi, et qui ne seraient pas contraires à ce que je devais à mon souverain, mais sans parler de ma disgrâce.

Je n'ennuierai point le lecteur du détail de ma réception à la cour, qui fut conforme à la générosité d'un si grand prince, ni des incommodités que j'essuyai faute d'une maison et d'un lit, étant obligé de me coucher à terre, enveloppé de ma couverture.

CHAPITRE VII

L'auteur, par un accident heureux, trouve le moyen de quitter Blefuscu, et, après quelques difficultés, retourne dans sa patrie.

ᴛʀᴏɪs jours après mon arrivée, me promenant par curiosité vers la côte de l'île qui regarde le nord-est, je découvris, à une certaine distance dans la mer, quelque chose qui me sembla un bateau renversé. Je tirai mes souliers et mes bas, et m'avançant dans l'eau à cent ou cent cinquante toises, je vis que l'objet s'approchait par la force de la marée ; et je connus alors que c'était une chaloupe, qui, à ce que je crus, pouvait avoir été détachée d'un vaisseau par quelque tempête : sur quoi je me hâtai de rentrer en ville, et priai Sa Majesté de me prêter vingt des plus grands vaisseaux qui lui restaient depuis la perte de sa flotte, et trois mille matelots, sous les ordres du vice-amiral. Cette flotte mit à la voile, faisant le tour, pendant que j'allais par le chemin le plus court à la côte où j'avais premièrement découvert la chaloupe. Je trouvai que la marée l'avait poussée encore plus près du rivage. Quand les vaisseaux m'eurent joint, je me dépouillai de mes habits, me mis dans l'eau, et m'avançai jusqu'à cinquante toises de la chaloupe, après quoi je fus obligé de nager jusqu'à ce que je l'eusse atteinte. Les matelots me jetèrent un câble dont j'attachai un bout à un trou sur le devant du bateau, et l'autre bout à un vaisseau de guerre ;

mais je ne pus continuer mon ouvrage, perdant pied dans l'eau. Je me mis donc à nager
derrière la chaloupe, et à la pousser en avant avec une de mes mains; en sorte qu'à la faveur
de la marée je m'avançai tellement vers le rivage, que je pus avoir le menton hors de l'eau et
trouver pied. Je me reposai deux ou trois minutes, puis je poussai le bateau encore jusqu'à ce
que la mer ne fût pas plus haute que mes aisselles. Alors le plus fort était fait; je pris d'autres
câbles apportés dans un des vaisseaux, et les attachant premièrement au bateau, et puis à neuf
des vaisseaux qui m'attendaient, le vent étant assez favorable et les matelots m'aidant, j'agis de
telle sorte que nous arrivâmes à vingt toises du rivage; et la mer s'étant retirée, je gagnai la
chaloupe à pied sec; et avec le secours de deux mille hommes et celui des cordes et des
machines, je vins à bout de la relever, et je trouvai qu'elle n'avait été que très peu
endommagée.

Je fus dix jours à faire entrer ma chaloupe dans le port royal de Blefuscu, où il s'amassa
un grand concours de peuple, plein d'étonne-
ment à la vue d'un vaisseau si prodigieux.

Je dis au roi que ma bonne fortune
m'avait fait rencontrer ce vaisseau pour me
transporter à quelque autre endroit d'où je
pourrais retourner dans mon pays natal, et
je priai Sa Majesté de vouloir bien donner
ses ordres pour mettre ce vaisseau en état
de me servir, et de me permettre de sortir
de ses États, ce qu'après quelques plaintes
obligeantes il lui plut de m'accorder.

J'étais fort surpris que l'empereur de Lilliput, depuis mon départ, n'eût fait aucune
recherche à mon sujet, mais j'appris que Sa Majesté Impériale, ignorant que j'avais eu avis de
ses desseins, s'imaginait que je n'étais allé à Blefuscu que pour accomplir ma promesse, suivant
la permission qu'il m'en avait donnée, et que je reviendrais dans peu de jours; mais à la fin,
ma longue absence le mit en peine, et ayant tenu conseil avec le trésorier et le reste de la
cabale, une personne de qualité fut dépêchée avec une copie des articles dressés contre moi.
L'envoyé avait des instructions pour représenter au souverain de Blefuscu la grande douceur
de son maître, qui s'était contenté de me punir par la perte de mes yeux; que je m'étais
soustrait à la justice, et que, si je ne retournais pas dans deux jours, je serais dépouillé de mon
titre de *nardac*, et déclaré criminel de haute trahison. L'envoyé ajouta que, pour conserver la
paix et l'amitié entre les deux empires, son maître espérait que le roi de Blefuscu donnerait
ordre de me faire reconduire à Lilliput, pieds et poings liés, pour être puni comme un traître.

Le roi de Blefuscu, ayant pris trois jours pour délibérer sur cette affaire, fit une réponse très honnête et très sage. Il représenta que, quand à me renvoyer lié, l'empereur n'ignorait pas que cela était impossible; que, quoique je lui eusse enlevé sa flotte, il m'était redevable de plusieurs bons offices que je lui avais rendus par rapport au traité de paix; d'ailleurs, qu'ils seraient bientôt, l'un et l'autre, délivrés de moi, parce que j'avais trouvé sur le rivage un vaisseau prodigieux, capable de me porter sur la mer, qu'il avait donné ordre d'accommoder avec mon secours suivant mes instructions; en sorte qu'il espérait que, dans peu de semaines, les deux empires seraient débarrassés d'un fardeau si insupportable.

Avec cette réponse, l'envoyé retourna à Lilliput, et le roi de Blefuscu me raconta tout ce qui s'était passé, m'offrant en même temps, mais secrètement et en confidence, sa gracieuse protection si je voulais rester à son service. Quoique je crusse sa proposition sincère, je pris la résolution de ne me livrer jamais à aucun prince ni à aucun ministre lorsque je pourrais me passer d'eux : c'est pourquoi, après avoir témoigné à Sa Majesté ma juste reconnaissance de ses intentions favorables, je la priai humblement de me donner mon congé, en lui disant que, puisque la fortune, bonne ou mauvaise, m'avait offert un vaisseau, j'étais résolu de me livrer à l'Océan, plutôt que d'être l'occasion d'une rupture entre deux si puissants souverains. Le roi ne me parut pas offensé de ce discours, et j'appris même qu'il était fort aise de ma résolution, aussi bien que la plupart de ses ministres.

Ces considérations m'engagèrent à partir un peu plus tôt que je n'avais projeté; et la cour, qui souhaitait mon départ, y contribua avec empressement. Cinq cents ouvriers furent employés à faire deux voiles à mon bateau, suivant mes ordres, en doublant treize fois ensemble leur plus grosse toile, et la matelassant. Je pris la peine de faire des cordes et des câbles, en joignant ensemble dix, vingt ou trente des plus forts des leurs. Une grosse pierre que j'eus le bonheur de trouver, après une longue recherche, près du rivage de la mer, me servit d'ancre; j'eus le suif de trois cents bœufs pour graisser ma chaloupe et pour d'autres usages. Je pris des peines infinies à couper les plus grands arbres pour en faire des rames et des mâts, en quoi cependant je fus aidé par les charpentiers des navires de Sa Majesté.

Au bout d'environ un mois, quand tout fut prêt, j'allai recevoir les ordres de Sa Majesté et prendre congé d'elle. Le roi, accompagné de la maison royale, sortit du palais. Je me couchai à terre pour avoir l'honneur de lui baiser la main, qu'il me donna très gracieusement, aussi bien que la reine et les jeunes princes du sang. Sa Majesté me fit présent de cinquante bourses de deux cents *spruggs* chacune, avec son portrait en grand, que je mis aussitôt dans un de mes gants pour mieux le conserver.

Je chargeai ma chaloupe de cent bœufs, de trois cents moutons, avec du pain et de la boisson à proportion, et une certaine quantité de viande cuite, aussi grande que quatre cents cuisiniers avaient pu la fournir. Je pris avec moi six vaches et deux taureaux vivants, et un même nombre de brebis et de béliers, ayant dessein de les porter dans mon pays pour en multiplier l'espèce : je me fournis aussi de foin et de blé. J'aurais été bien aise d'emmener six des gens du pays, mais le roi ne voulut pas le permettre ; et, outre une très exacte visite de mes poches, Sa Majesté me fit donner ma parole d'honneur que je n'emporterais aucun de ses sujets, quand même ce serait de leur propre consentement.

Ayant ainsi préparé toutes choses, je mis à la voile le vingt-quatrième jour de septembre 1701, sur les six heures du matin ; et quand j'eus fait quatre lieues tirant vers le nord, le vent étant au sud-est, sur les six heures du soir, je découvris une petite île, longue d'environ une demi-lieue vers le nord-est. Je m'avançai et jetai l'ancre vers la côte de l'île qui était à l'abri du vent : elle me parut inhabitée. Je pris des rafraîchissements, et m'allai reposer. Je dormis environ six heures ; car le jour commença à paraître deux heures après que je fus éveillé. Je déjeunai ; et, le vent étant favorable, je levai l'ancre, et fis la même route que le jour précédent, guidé par mon compas de poche. C'était mon dessein de me rendre, s'il était possible, à une de ces îles que je croyais avec raison situées au nord-est de la terre Van-Diemen. Je ne découvris rien ce jour-là ; mais le lendemain, sur les trois heures après-midi, quand j'eus fait, selon mon calcul, environ vingt-quatre lieues, je découvris un navire faisant route vers le sud-est. Je mis toutes mes voiles ; et, au bout d'une demi-heure, le navire, m'ayant aperçu, arbora son pavillon et tira un coup de canon.

Il n'est pas facile d'exprimer la joie que me fit éprouver l'espérance de revoir encore une fois mon bien-aimé pays. Le navire relâcha ses voiles, et je le joignis à cinq ou six heures du soir, le 26 septembre. J'étais transporté de joie de voir le pavillon d'Angleterre. Je mis mes vaches et mes moutons dans les poches de mon justaucorps, et me rendis à bord avec toute ma petite cargaison de vivres.

C'était un vaisseau marchand anglais, revenant du Japon par les mers du nord et du sud, commandé par le capitaine Jean Biddel de Deptford, fort honnête homme et excellent marin. Il y avait environ cinquante hommes sur le vaisseau, parmi lesquels je rencontrai un de mes anciens camarades, nommé Pierre Williams, qui parla avantageusement de moi au capitaine. Ce galant homme me fit un très bon accueil, et me pria de lui apprendre d'où je venais et où j'allais, ce que je fis en peu de mots ; mais il crut que la fatigue et les périls que j'avais courus m'avaient fait tourner la tête : sur quoi je tirai mes vaches et mes moutons de ma poche, ce qui le jeta dans un grand étonnement, en lui faisant voir la vérité de ce que je venais de lui raconter. Je lui montrai les pièces d'or que m'avait données le roi de Blefuscu, aussi bien que le portrait en grand de Sa Majesté, avec plusieurs autres raretés de ce pays. Je lui donnai deux bourses de deux cents *spruggs* chacune, et promis de lui faire présent, à notre arrivée en Angleterre, d'une vache et d'une brebis pleines.

Je n'entretiendrai point le lecteur du détail de ma route : nous arrivâmes aux Dunes le 15 avril 1702. Je n'eus qu'un seul malheur, c'est que les rats du vaisseau emportèrent un de mes béliers. Je débarquai le reste de mon bétail en santé, et le mis paître dans un boulingrin à Greenwich.

Pendant le peu de temps que je restai en Angleterre, je fis un profit considérable en montrant mes petits animaux à des gens de qualité, et même au peuple; et, avant que je commençasse mon second voyage, je les vendis six cents livres sterling. Depuis mon dernier retour, j'en ai inutilement cherché la race, que je croyais considérablement augmentée, surtout les moutons, j'espérais que cela tournerait à l'avantage de nos manufactures de laines, par la finesse des toisons.

Je ne restai que deux mois avec ma femme et ma famille : la passion insatiable de voir les pays étrangers ne me permit pas d'être plus longtemps sédentaire. Je laissai quinze cents livres sterling à ma femme, et l'établis dans une bonne maison à Redriff; je portai le reste de ma fortune avec moi, partie en argent et partie en marchandises, dans la vue d'augmenter mes fonds. Mon oncle Jean m'avait laissé des terres proches d'Epping, de trente livres sterling de rente, et j'avais affermé à long bail ma terre du Taureau Noir, et Fetter-Lane, qui me fournissait le même revenu : ainsi je ne courais pas risque de laisser ma famille à la charité de la paroisse.

Je dis adieu à ma femme, à mon fils et à ma fille, et malgré beaucoup de larmes qu'on versa de part et d'autre, je montai courageusement sur l'*Aventure,* vaisseau marchand de trois cents tonneaux, commandé par le capitaine Jean-Nicolas, de Liverpool. Le récit de ce voyage formera la seconde partie de mon ouvrage.

DEUXIÈME PARTIE

VOYAGE A BROBDINGNAG

CHAPITRE PREMIER

L'auteur, après avoir essuyé une grande tempête, se met dans une chaloupe pour descendre à terre, et est saisi par un habitant du pays. — Comment il en est traité. — Idée du pays et du peuple.

E m'embarquai, pour ce second voyage, dans les Dunes, le 20 juin 1702, sur un vaisseau nommé l'*Aventure,* dont le capitaine, Jean-Nicolas, de la province de Cornouailles, partait pour Surate. Nous eûmes le vent très favorable jusqu'à la hauteur du cap de Bonne-Espérance, où nous mouillâmes pour faire de l'eau. Notre capitaine se trouvant alors incommodé d'une fièvre intermittente, nous ne pûmes quitter le Cap qu'à la fin du mois de mars.

Alors nous remîmes à la voile, et notre voyage fut heureux jusqu'au détroit de Madagascar; mais étant arrivés au nord de cette île, les vents, qui, dans ces mers, soufflent toujours également entre le nord et l'ouest, depuis le commencement de décembre jusqu'aux premiers jours de mai, se prirent le 29 à souffler très violemment du côté de l'ouest, ce qui dura vingt jours de suite, pendant lesquels nous fûmes poussés un peu à l'orient des îles Moluques, et environ à trois degrés au nord de la ligne équinoxiale, suivant les observations du 2 mai, époque à laquelle le vent cessa; mais le capitaine, homme très expérimenté dans la navigation de ces mers, nous ordonna de nous préparer pour le lendemain à une terrible tempête; ce qui ne manqua pas d'arriver; car le vent du sud, appelé mousson, commença à s'élever.

Pendant cette tempête, qui fut suivie d'un vent impétueux d'ouest-sud-ouest, nous fûmes poussés, selon mon calcul, environ cinq cents lieues vers l'orient; en sorte que le plus vieux et le plus expérimenté des mariniers ne sut nous dire en quelle partie du monde nous étions. Cependant les vivres ne nous manquaient pas, notre vaisseau ne faisait point eau, et notre équipage était en bonne santé; mais nous étions réduits à une très grande disette d'eau. Nous jugeâmes plus à propos de continuer la même route que de tourner au nord, ce qui nous aurait peut-être portés aux parties de la Grande-Tartarie qui sont le plus au nord-ouest, et dans la mer Glaciale.

Le 16 juin 1703, un mousse découvrit terre du haut du mât de perroquet.

Le 17, nous vîmes clairement une grande île ou un continent (car nous ne sûmes pas lequel des deux), sur le côté droit duquel il y avait une petite langue de terre qui s'avançait dans la mer, et une petite baie trop basse pour qu'un vaisseau de cent tonneaux pût y entrer. Nous jetâmes l'ancre à une lieue de cette petite baie : notre capitaine envoya douze hommes de son équipage bien armés dans la chaloupe, avec des vases pour l'eau, si l'on en pouvait trouver. Je lui demandai la permission d'aller avec eux pour voir le pays et faire toutes les découvertes que je pourrais. Quand nous fûmes à terre, nous ne vîmes ni rivière, ni fontaine, ni aucun vestige d'habitants, ce qui obligea nos gens à côtoyer le rivage pour chercher de l'eau fraîche proche de la mer. Pour moi, je me promenai seul, et avançai environ un mille dans les terres, où je ne remarquai qu'un pays stérile et plein de rochers. Je commençais à me lasser; et, ne voyant rien qui pût satisfaire ma curiosité, je m'en retournais doucement vers la petite baie, lorsque je vis nos hommes sur la chaloupe, qui semblaient tâcher, à force de rames, de sauver leur vie, et je remarquai en même temps qu'ils étaient poursuivis par un homme d'une grandeur prodigieuse. La mer, dans laquelle il marchait, ne montait pas plus haut que ses genoux, et il faisait des enjambées extraordinaires; mais nos gens avaient pris le devant d'une demi-lieue, et, la mer étant dans cet endroit pleine de rochers, le grand homme ne put atteindre la chaloupe. Ces détails me furent contés par la suite, car dans le moment je ne songeai qu'à fuir aussi vite que je pus, et je grimpai au haut d'une montagne escarpée, d'où je découvris une partie du pays. Je le trouvai parfaitement cultivé; mais ce qui me surprit d'abord fut la grandeur de l'herbe, qui me parut avoir plus de vingt pieds de haut.

Je pris un grand chemin, qui me sembla tel, quoi qu'il ne fût pour les habitants qu'un petit sentier qui traversait un champ d'orge. Là, je marchai pendant quelque temps; mais je ne pouvais presque rien voir, le temps de la moisson étant proche et les blés étant hauts de quarante pieds au moins. Je cheminai pendant une heure avant de pouvoir arriver à l'extrémité de ce champ, qui était enclos d'une haie haute au moins de cent vingt pieds : pour les arbres, ils étaient si grands, qu'il me fut impossible d'en supputer la hauteur. Une borne séparait ce clos d'un autre enclos. Quatre marches conduisaient à une longue pierre sur laquelle on passait d'un côté à l'autre ; mais je n'aurais pu franchir ce passage, les degrés ayant six pieds de haut, et la pierre qui les couronnait plus de vingt pieds.

Je tâchais de découvrir un passage à travers la haie, quand j'aperçus dans le champ voisin un habitant de la même taille que celui que j'avais vu dans la mer poursuivant notre chaloupe. Il me parut aussi haut qu'un clocher ordinaire, et il faisait environ cinq toises par enjambée, autant que je pus en juger. Je fus frappé d'une frayeur extrême, et je courus me cacher dans le blé, d'où je le vis arriver à une ouverture de la haie, jetant les yeux çà et là, et appelant d'une voix plus grosse et plus retentissante que si elle fût sortie d'un porte-voix : le son était si fort et partait de si haut, que je crus entendre le tonnerre. Aussitôt sept hommes de sa taille s'avancèrent vers lui tenant chacun une faucille de la grandeur de six faux. Ces gens n'étaient pas aussi bien habillés que le premier, dont ils semblaient être les domestiques. D'après les ordres qu'il leur donna, ils allèrent couper le blé dans le champ où j'étais couché. Je m'éloignai d'eux autant que je pus, mais je ne me déplaçais qu'avec une difficulté extrême : car les tuyaux du blé n'étaient pas quelquefois éloignés de plus d'un pied l'un de l'autre, en sorte que je me glissais très péniblement dans cette espèce de forêt. Je m'avançai cependant jusqu'à un endroit du champ où la pluie et le vent avaient couché le blé : il me fut alors tout à fait impossible d'aller plus loin ; car les tuyaux étaient tellement entrelacés, qu'il n'y avait pas moyen de ramper au travers, et les barbes des épis tombés étaient si fortes et si pointues qu'elles perçaient mon habit, et m'entraient dans la chair. Cependant j'entendais les moissonneurs qui n'étaient qu'à cinquante toises de moi. Épuisé, réduit au désespoir, je me couchai entre deux sillons, et je souhaitai d'y finir mes jours, me représentant ma veuve désolée, mes enfants orphelins et déplorant la folie qui m'avait fait entreprendre ce second voyage contre l'avis de tous mes amis et de tous mes parents.

Dans cette terrible agitation, je ne pouvais m'empêcher de songer au pays de Lilliput, où j'avais été regardé comme le plus grand prodige qui eût jamais paru dans le monde, où j'avais été capable d'entraîner une flotte entière d'une seule main et de faire d'autres actions merveilleuses dont la mémoire sera éternellement conservée dans les chroniques de cet empire, et que la postérité croira avec peine, quoique attestées par toute une nation.

Je pensai combien il serait mortifiant pour moi de paraître aussi misérable aux yeux de la nation parmi laquelle je me trouvai alors, qu'un Lilliputien le serait parmi nous ; mais je regardais cela comme le moindre de mes malheurs, car on remarque que les créatures humaines sont ordinairement sauvages et cruelles en proportion de leur taille ; et, d'après cela, que pouvais-je attendre, sinon de n'être bientôt qu'un morceau dans la bouche du premier de ces hommes monstrueux qui me saisirait ?

En vérité, les philosophes ont bien raison quand ils nous disent qu'il n'y a rien de grand ou de petit que par comparaison. Peut-être que les Lilliputiens trouveront quelque nation plus petite à leur égard qu'ils ne me le parurent; et qui sait si cette race prodigieuse de mortels ne serait pas une nation lilliputienne par rapport à celle de quelque pays que nous n'avons pas encore découvert?

Au milieu de mes frayeurs et de mon étonnement, je ne pouvais m'empêcher de faire ces réflexions philosophiques, lorsqu'un des moissonneurs, s'approchant à cinq toises du sillon où j'étais couché, me fit craindre qu'en faisant encore un pas je ne fusse écrasé sous son pied, ou coupé en deux par sa faucille : c'est pourquoi, le voyant avancer, je me mis à crier aussi fort que la frayeur dont j'étais saisi put me le permettre. Aussitôt le géant s'arrêta; et, regardant autour et au-dessous de lui avec attention, enfin il m'aperçut. Il me considéra quelque temps avec la circonspection d'un homme qui tâche d'attraper un petit animal dangereux de manière à n'être ni égratigné ni mordu, comme j'avais fait moi-même quelquefois à l'égard d'une belette en Angleterre. Enfin il eut la hardiesse de me prendre par le milieu du corps entre son index et son pouce, et de me soulever à une toise et demie de ses yeux, afin d'observer ma figure plus exactement. Je devinai son intention, et je résolus de ne faire aucune résistance, tandis qu'il me tenait en l'air à plus de soixante pieds de terre, quoiqu'il me serrât horriblement les côtes, par la crainte qu'il avait que je ne glissasse entre ses doigts. Tout ce que j'osai faire fut de lever les yeux vers le ciel, de joindre les mains dans la posture d'un suppliant, et de dire quelques mots d'un accent humble et triste, conforme à l'état où je me trouvais alors; car je craignais à chaque instant qu'il ne voulût m'écraser, comme nous écrasons d'ordinaire les petits animaux qui nous déplaisent; mais ma bonne étoile voulut qu'il fût touché de ma voix et de mes gestes, et il commença à me regarder comme quelque chose de curieux, étant bien surpris de m'entendre articuler des mots, quoiqu'il ne les comprît pas.

Cependant je ne pouvais m'empêcher de gémir et de verser des larmes; et en tournant la tête, je lui faisais entendre, autant que je pouvais, combien il me faisait mal avec son pouce et son doigt. Il me sembla qu'il comprenait la douleur que je ressentais; car, levant un pan de son justaucorps, il me mit doucement dedans, et aussitôt il courut vers son maître, qui était un riche laboureur, et le même que j'avais vu d'abord dans le champ.

Le laboureur prit un petit brin de paille à peu près de la grosseur d'une canne, et avec ce brin il leva les pans de mon justaucorps, qu'il me parut prendre pour une espèce de couverture que la nature m'avait donnée : il souffla mes cheveux pour mieux voir mon visage; il appela ses valets, et leur demanda, autant que je pus en juger, s'ils avaient jamais vu dans les champs aucun animal qui me ressemblât. Ensuite il me plaça doucement à terre et à quatre pattes; mais je me levai aussitôt et marchai gravement, allant et venant, pour faire voir que je n'avais

Paris. — Typ. Ch. Unsinger.

Il me considéra quelque temps avec la circonspection d'un homme qui tâche d'attraper
un petit animal dangereux.

pas envie de m'enfuir. Ils s'assirent tous en rond autour de moi pour mieux observer mes mouvements. J'ôtai mon chapeau, et fis une révérence très humble au paysan; je me jetai à ses genoux, et je prononçai plusieurs mots aussi fortement que je pus : ensuite je tirai une bourse pleine d'or de ma poche; et la lui présentai respectueusement. Il la reçut dans la paume de sa main, et la porta près de son œil pour voir ce que c'était; puis il la tourna plusieurs fois avec la pointe d'une épingle qu'il tira de sa manche; mais il n'y comprit rien.

Voyant cela, je lui fis signe de poser sa main à terre; et prenant la bourse, je l'ouvris et répandis toutes les pièces d'or dans le creux de sa main. Il y avait six pièces espagnoles de quatre pistoles chacune, sans compter vingt ou trente pièces plus petites. Je le vis mouiller son petit doigt sur sa langue et lever une de mes pièces les plus grosses, et ensuite une autre, mais il me sembla tout à fait ignorer ce que c'était : il me fit signe de les remettre dans ma bourse, et la bourse dans ma poche; ce que je fis après avoir renouvelé mon offre plusieurs fois, et vu qu'il n'y avait rien de mieux à faire.

Le laboureur fut alors persuadé qu'il fallait que je fusse une petite créature raisonnable. Il me parla plusieurs fois : mais le son de sa voix m'étourdissait comme celui d'un moulin à eau : cependant ses mots étaient bien articulés. Je répondis aussi fortement que je pus en plusieurs langues, et souvent il appliqua son oreille à une toise de moi, mais inutilement. Alors il renvoya ses gens à leur travail; et, tirant son mouchoir de sa poche, il le plia en deux et l'étendit sur sa main gauche, qu'il avait mise à terre, me faisant signe d'entrer dedans; ce que je pus faire aisément, car elle n'avait pas plus d'un pied d'épaisseur. Je crus devoir obéir, et, de peur de tomber, je me couchai tout de mon long sur le mouchoir, dont il m'enveloppa; et, de cette façon, il m'emporta chez lui. Là, il appela sa femme et me montra à elle; mais elle jeta des cris effroyables, et recula comme font les femmes en Angleterre à la vue d'un crapaud ou d'une araignée.

Cependant, lorsqu'au bout de quelque temps elle eut vu toutes mes manières, et mon obéissance aux signes que faisait son mari, elle s'habitua promptement à ma vue, et elle en vint par degrés à m'aimer tendrement.

Il était environ midi, et un domestique servit le dîner. Ce repas, conforme à la vie simple d'un laboureur, consistait en viande grossière, servie dans un plat d'environ vingt-quatre pieds de diamètre. Le laboureur, sa femme, trois enfants et une vieille grand'mère, composaient la compagnie. Lorsqu'ils furent assis, le fermier me plaça à quelque distance de lui sur la table, qui était à peu près haute de trente pieds : je me tins aussi loin que je pus du bord, de crainte de tomber. La femme coupa un morceau de viande, ensuite elle émietta du pain sur une assiette de bois qu'elle plaça devant moi. Je lui fis une révérence profonde; et, tirant mon couteau et ma fourchette, je me mis à manger, au grand étonnement de la société.

6

La maîtresse envoya sa servante chercher une petite tasse qui servait à boire les liqueurs, et qui contenait environ douze pintes, et la remplit de boisson. Je levai le vase avec une grande difficulté; et, d'une manière très respectueuse, je bus à la santé de madame, prononçant les mots aussi fortement que je pouvais en anglais; ce qui fit faire à la compagnie de si grands éclats de rire, que peu s'en fallut que je n'en devinsse sourd.

Cette boisson avait à peu près le goût du petit cidre, et n'était pas désagréable. Le maître me fit signe de venir à côté de son assiette de bois; mais, en marchant trop vite sur la table, une petite croûte de pain me fit broncher et tomber sur le visage, sans pourtant me blesser. Je me levai aussitôt; et, remarquant que ces bonnes gens étaient fort touchés de mon accident, je pris mon chapeau, et, le faisant tourner au-dessus de ma tête, je fis trois acclamations pour marquer que je n'avais point reçu de mal; mais comme je m'avançais vers mon maître (c'est le nom que je lui donnerai désormais) le dernier de ses fils, qui était assis le plus proche de lui, et qui était très malin, et âgé d'environ dix ans, me prit par les jambes, et me tint si haut dans l'air, que je tremblai de tout mon corps. Son père m'arracha de ses mains, et en même temps lui donna sur l'oreille gauche un soufflet qui aurait suffi à renverser une troupe de cavalerie européenne, et lui ordonna de se lever de table; mais ayant à craindre que le garçon ne gardât quelque ressentiment contre moi, et me souvenant que tous les enfants chez nous sont naturellement méchants à l'égard des oiseaux, des lapins, des petits chats et des petits chiens, je me mis à genoux; et, montrant le petit garçon, je me fis entendre à mon maître autant que je pus, et le priai de pardonner à son fils. Le père y consentit, et l'enfant reprit sa chaise; alors je m'avançai jusqu'à lui, et lui baisai la main.

Au milieu du dîner, le chat favori de ma maîtresse sauta sur elle. J'entendis derrière moi un bruit ressemblant à celui de douze faiseurs de bas au métier; et, tournant la tête, je trouvai que c'était un chat qui faisait ce qu'on appelle le rouet. Il me parut trois fois plus grand qu'un bœuf, comme je le jugeai en voyant sa tête et une de ses pattes, pendant que sa maîtresse lui donnait à manger et lui faisait des caresses. La férocité du visage de cet animal me déconcerta tout à fait, quoique je me tinsse au bout le plus éloigné de la table, à la distance de cinquante pieds, et quoique ma maîtresse tînt le chat de peur qu'il ne s'élançât sur moi; mais il n'y avait point de danger; car mon maître me plaça à trois pieds du matou, et celui-ci ne fit pas la moindre attention à moi. D'ailleurs je savais que lorsqu'on fuit devant un animal féroce, ou que l'on paraît avoir peur, on en est infailliblement poursuivi ; je résolus donc de faire bonne contenance devant le chat, et de ne point paraître craindre ses griffes. Je marchai hardiment devant lui, et je m'avançai jusqu'à dix-huit pouces, ce qui le fit reculer comme s'il eût eu lui-même peur de moi. J'eus moins d'appréhension des chiens. Trois ou quatre entrèrent dans la salle, entre lesquels il y avait un mâtin d'une grosseur égale à celle de quatre éléphants, et un lévrier un peu plus haut que le mâtin, mais moins gros.

Sur la fin du dîner, la nourrice entra, portant dans ses bras un enfant de l'âge d'un an, qui, aussitôt qu'il m'aperçut, poussa des cris si forts, qu'on aurait pu, je crois, les entendre du pont de Londres jusqu'à Chelsea. L'enfant, me regardant comme une poupée, criait afin de m'avoir pour lui servir de jouet. La mère, par pure faiblesse, me mit à la portée de l'enfant, qui se saisit bientôt de moi, et mit ma tête dans sa bouche, où je commençai à hurler si horriblement, que l'enfant effrayé me laissa tomber ; et je me serais infailliblement cassé la tête si la mère n'avait pas tenu son tablier sous moi. La nourrice, pour apaiser son poupon, se servit d'un hochet, sorte de vaisseau creux, rempli de grosses pierres, et attaché par un câble au milieu du corps de l'enfant ; mais cela ne put l'apaiser, et elle se trouva réduite à se servir du dernier remède qui fut de lui donner à teter.

Après le dîner, mon maître alla retrouver ses ouvriers ; et, à ce que je pus comprendre par sa voix et par ses gestes, il chargea sa femme de prendre un grand soin de moi. J'étais bien las et j'avais envie de dormir ; ce que ma maîtresse apercevant, elle me mit dans son lit et me couvrit avec un mouchoir blanc, mais plus large que la grande voile d'un vaisseau de guerre.

Je dormis pendant deux heures et songeai que j'étais chez moi avec ma femme et mes enfants, ce qui augmenta mon affliction quand je m'éveillai, et me trouvai tout seul dans une chambre de deux à trois cents pieds de largeur, et de plus de deux cents de hauteur, et couché dans un lit large de dix toises. Ma maîtresse était sortie pour les affaires de la maison, et m'avait enfermé au verrou. Le lit était élevé de quatre toises : cependant quelques nécessités naturelles me pressaient de descendre, et je n'osais appeler ; quand je l'eusse essayé, c'eût été inutilement, avec une voix comme la mienne, et aussi éloigné que je l'étais de la cuisine où la famille se tenait. Sur ces entrefaites, deux rats grimpèrent le long des rideaux, et se mirent à courir sur le lit : l'un approcha de mon visage, sur quoi je me levai tout effrayé et mis le sabre à la main pour me défendre. Ces animaux horribles eurent l'insolence de m'attaquer des deux côtés ; mais je fendis le ventre à l'un, et l'autre s'enfuit. Après cet exploit, je me promenai à petits pas sur le lit pour reprendre mes esprits. Ces animaux étaient de la grosseur d'un mâtin, mais infiniment plus agiles et plus féroces ; en sorte que si j'eusse quitté mon sabre avant de me coucher, j'aurais été infailliblement dévoré par eux.

Je mesurai la queue du rat mort, et j'estimai qu'elle avait quatre pieds environ; mais je n'eus pas le courage de traîner son cadavre hors du lit; et comme j'y remarquai certains signes de vie, je l'achevai en lui appliquant un grand coup sur la gorge.

Bientôt après, ma maîtresse entra dans la chambre; et, me voyant tout couvert de sang, elle accourut et me prit dans sa main. Je lui montrai le rat mort, en souriant et en faisant d'autres signes, pour lui faire entendre que je n'étais pas blessé, ce qui lui donna de la joie. Je tâchai de lui faire entendre que je souhaitais fort qu'elle me mît à terre, ce qu'elle fit; mais ma modestie ne me permit pas de m'expliquer autrement qu'en montrant du doigt la porte, et en faisant plusieurs révérences. La bonne femme m'entendit, non sans quelque difficulté; et, me reprenant dans sa main, alla dans le jardin où elle me mit à terrre. Je m'éloignai environ à cent toises; et lui faisant signe de ne pas regarder, je me cachai entre deux feuilles d'oseille, et y fis ce que vous pouvez deviner.

CHAPITRE II

Portrait de la fille du laboureur. — L'auteur est conduit à une ville où il y avait un marché, et ensuite à la capitale. — Détail de son voyage.

A maîtresse avait une fille de neuf ans, très intelligente pour son âge, et déjà très adroite pour les ouvrages à l'aiguille. Sa mère, de concert avec elle, s'avisa d'accommoder pour moi le berceau de sa poupée avant qu'il fût nuit. Le berceau fut mis dans un petit tiroir de cabinet, et le tiroir posé sur une table suspendue, de peur des rats: ce fut là mon lit pendant tout le temps que je demeurai avec ces bonnes gens. Cette jeune fille me fit six chemises, et d'autres sortes de linge, de la toile la plus fine qu'on put trouver (qui, à la vérité, était plus grossière que des toiles de navire), et les blanchit toujours elle-même. Elle était encore ma maîtresse d'école. Quand je montrais quelque chose du doigt, elle m'en disait le nom aussitôt; en sorte qu'en peu de temps je fus en état de demander ce que je souhaitais. C'était réellement une excellente fille; elle me donna le nom de *Grildrig*, mot qui signifie ce que les Latins appellent *homunculus*, les Italiens *uomicciuolo*, et les Anglais *mannikin*. C'est à elle que je fus redevable de ma conservation. Nous étions toujours ensemble : je l'appelais *Glumdalclitch*, ou la petite bonne, et je serais coupable d'une très noire ingratitude si j'oubliais jamais ses soins et son affection pour moi.

Il se répandit alors dans tout le pays que mon maître avait trouvé dans les champs un petit animal de la grosseur d'un *splack-nock* (animal de ce pays, long d'environ six pieds), mais ayant exactement la figure de l'homme, l'imitant dans toutes ses actions, et parlant une petite espèce de langue qui lui était propre; qu'il avait déjà appris plusieurs de leurs mots; qu'il marchait droit sur les deux pieds, était doux et traitable, venait quand il était appelé, faisait tout ce qu'on lui ordonnait de faire, avait les membres délicats et le teint plus blanc et plus fin que celui d'une fille de qualité âgée de trois ans.

Un laboureur voisin, et intime ami de mon maître, lui rendit visite exprès, pour s'assurer de la vérité du bruit qui s'était répandu. On me fit venir aussitôt; on me mit sur la table, où je marchai comme on me l'ordonna. Je tirai mon sabre, et le remis dans son fourreau; je fis la révérence à l'ami de mon maître; je lui demandai dans sa propre langue comment il se portait, et lui dis qu'il était le bienvenu, le tout suivant les instructions de ma petite maîtresse. Cet homme, à qui le grand âge avait fort affaibli la vue, mit ses lunettes pour me regarder mieux; sur quoi je ne pus m'empêcher d'éclater de rire, les deux verres produisant l'effet de deux lunes dans leur plein. Les gens de la famille, qui découvrirent la cause de ma gaieté, se prirent aussi à rire; de quoi le vieux fut assez bête pour se fâcher. Il avait l'air d'un avare, et il le fit bien paraître par le conseil détestable qu'il donna à mon maître de me faire voir pour de l'argent, à quelque jour de marché, dans la ville voisine, qui était éloignée de notre maison d'environ vingt-deux milles. Je devinai qu'il y avait quelque dessein sur le tapis, lorsque je remarquai mon maître et son ami se parlant tout bas à l'oreille pendant assez longtemps, et quelquefois me regardant et me montrant du doigt.

Le lendemain au matin, Glumdalclitch, ma petite bonne, me confirma dans ma pensée, en me racontant toute l'affaire qu'elle avait apprise de sa mère. La pauvre fille versa beaucoup de larmes : elle appréhendait qu'il ne m'arrivât du mal, que je ne fusse froissé, estropié et peut-être écrasé par des hommes grossiers et brutaux qui me manieraient rudement. Comme elle avait remarqué que j'étais modeste de mon naturel, et très délicat dans tout ce qui regardait mon honneur, elle gémissait de me voir exposé pour de l'argent à la curiosité du plus bas peuple; elle disait que son papa et sa maman lui avaient promis que Grildrig serait tout à elle; mais qu'elle voyait bien qu'on voulait la tromper.

Quant à moi, je puis dire en vérité que j'eus moins de chagrin que ma maîtresse. J'avais conçu de grandes espérances, qui ne m'abandonnèrent jamais, que je recouvrerais un jour ma liberté; et, à l'égard de l'ignominie d'être porté çà et là comme un monstre, je songeai qu'une telle disgrâce ne me pourrait jamais être reprochée, et ne flétrirait point mon honneur lorsque je serais de retour en Angleterre, parce que le roi même de la Grande-Bretagne, s'il se trouvait en pareille situation, aurait un pareil sort.

Mon maître, suivant l'avis de son ami, me mit dans une caisse, et, le jour de marché suivant, me mena à la ville prochaine avec sa petite fille. La caisse était fermée de tous côtés, et percée seulement de quelques trous pour laisser entrer l'air. La jeune fille avait eu soin de mettre sous moi le matelas du lit de sa poupée; cependant je fus horiblement agité et rudement secoué dans ce voyage, quoiqu'il ne durât pas plus d'une demi-heure. Le cheval faisait à chaque pas environ quarante pieds, et trottait si haut que je me sentais agité comme si j'eusse été dans un vaisseau pendant une tempête furieuse.

Mon maître descendit de cheval à une auberge où il avait coutume d'aller; et, après avoir tenu conseil avec l'hôte et fait quelques préparatifs nécessaires, il loua le *glultrud,* ou crieur public, pour annoncer à toute la ville qu'on ferait voir à l'enseigne de l'Aigle verte un petit animal étranger moins gros qu'un *splack-nock,* et qui ressemblait, dans toutes les parties de son corps, à une créature humaine, prononçait plusieurs mots, et faisait une infinité de tours d'adresse.

Je fus posé sur une table dans la salle la plus grande de l'auberge, qui avait près de trois cents pieds en carré. Ma petite maîtresse se tenait debout sur un tabouret bien près de la table, pour prendre soin de moi et m'indiquer ce qu'il fallait faire. Mon maître, pour éviter la foule et le désordre, ne voulut pas permettre que plus de trente personnes entrassent à la fois pour me voir. Je marchai çà et là sur la table, suivant les ordres de la jeune fille : elle me fit plusieurs questions qu'elle savait être à ma portée, et proportionnées à la connaissance que j'avais de la langue; je répondis le mieux et le plus haut que je pus. Je me retournai plusieurs fois vers toute la compagnie, et fis mille révérences. Je pris un dé plein de vin, que Glumdalclitch m'avait donné pour me servir de gobelet, et je bus à la santé des spectateurs. Je tirai mon sabre et fis le moulinet à la façon des maîtres d'armes en Angleterre. Ma bonne me donna un bout de paille, avec lequel je fis l'exercice comme avec une pique, ayant appris cela dans ma jeunesse. Je fus montré ce jour-là douze fois, et fus obligé de répéter toujours les mêmes choses, jusqu'à ce que je fusse presque mort de lassitude, d'ennui et de chagrin.

Ceux qui m'avaient vu firent de tous côtés des récits si merveilleux sur le rapport de ma taille avec la leur, sur mes exercices prodigieux, que le peuple voulait ensuite enfoncer les portes pour entrer. Mon maître, ayant en vue ses propres intérêts, ne voulut permettre à personne de me toucher, excepté à ma petite maîtresse, et, pour me mettre plus à couvert de

Paris. — Typ. Ch. Unsinger.

Ma bonne me donna un bout de paille, avec lequel je fis l'exercice comme avec une pique.

tout accident, on avait rangé des bancs autour de la table à la distance convenable pour que je ne fusse à portée d'aucun spectateur. Cependant un petit écolier malin me jeta une noisette à la tête, et il s'en fallut peu qu'il ne m'attrapât : elle fut lancée avec tant de force, que, s'il n'eût pas manqué son coup, elle m'aurait infailliblement fait sauter la cervelle, car elle était presque aussi grosse qu'un melon; mais j'eus la satisfaction de voir le méchant espiègle chassé de la salle.

Mon maître fit afficher qu'il me ferait voir encore le jour du marché suivant. Cependant il me fit faire une voiture plus commode, vu que j'avais été si fatigué de mon premier voyage et du spectacle que j'avais donné pendant huit heures de suite que je ne pouvais plus me tenir debout, et que j'avais presque perdu la voix.

Pour m'achever, lorsque je fus de retour, tous les gentilshommes du voisinage, ayant entendu parler de moi, se rendirent à la maison de mon maître.

Il y en avait un jour plus de trente, avec leurs femmes et leurs enfants; car ce pays est aussi peuplé que l'Angleterre. Et mon maître demandait toujours le prix d'une chambrée complète, même pour une seule famille, lorsqu'il me montrait à la maison. Ainsi je n'avais pas beaucoup de repos, sinon les mercredis (qui sont leur jour de sabbat), quoique je ne fusse point porté à la ville.

Supputant le profit que je pouvais lui rapporter, mon maître résolut de me faire voir dans les villes du royaume les plus considérables.

S'étant donc fourni de toutes les choses nécessaires à un long voyage, après avoir réglé ses affaires domestiques et dit adieu à sa femme, le 17 août 1703, c'est-à-dire environ deux mois après mon arrivée, nous partîmes pour nous rendre à la capitale, située vers le milieu de cet empire, à près de quinze cents lieues de notre demeure.

Mon maître fit monter sa fille en croupe derrière lui, et elle me porta dans une boîte attachée autour de son corps, doublée du drap le plus fin qu'elle avait pu trouver.

Le dessein de mon maître était de me faire voir sur la route, dans toutes les villes, bourgs et villages de quelque importance, et de s'arrêter même dans les châteaux de la noblesse qui l'éloigneraient peu de son chemin.

Nous faisions de petites journées, c'est-à-dire seulement de quatre-vingts ou cent lieues; car Glumdalclitch, exprès pour m'épargner de la fatigue, se plaignit d'être incommodée du trot du cheval. Souvent elle me tirait de la caisse pour me donner de l'air et me faire voir le pays; mais elle me tenait toujours par mes lisières.

Nous passâmes cinq ou six rivières plus larges et plus profondes que le Nil et le Gange; et il n'y avait guère de ruisseau qui ne fût plus grand que la Tamise au pont de Londres. Nous fûmes trois semaines dans notre voyage, et je fus montré dans dix-huit grandes villes, sans compter plusieurs villages et plusieurs châteaux.

Le 26 octobre, nous arrivâmes à la capitale, appelée dans leur langue *Lorbruldrud* ou *l'Orgueil de l'Univers*. Mon maître loua un appartement dans la rue principale de la ville, peu éloignée du palais royal, et distribua, selon la coutume, des affiches contenant une description merveilleuse de ma personne et de mes talents. Il loua une très grande salle de trois ou quatre cents pieds de large, où il plaça une table de soixante pieds de diamètre, sur laquelle je devais jouer mon rôle; il la fit entourer de palissades pour m'empêcher de tomber. C'est sur cette table qu'on me montra dix fois par jour, au grand étonnement et à la satisfaction de tout le peuple. Je savais alors passablement parler la langue, et j'entendais parfaitement tout ce qu'on disait de moi; d'ailleurs j'avais appris leur alphabet, et je pouvais, quoique avec peine, lire et expliquer les livres; car Glumdalclitch m'avait donné des leçons chez son père et aux heures de loisir pendant notre voyage; elle portait dans sa poche un petit livre un peu plus grand qu'un de nos atlas; c'était un catéchisme en abrégé, contenant les dogmes principaux de la religion; elle s'en servait pour m'enseigner les lettres de l'alphabet, et elle m'en interprétait les mots.

CHAPITRE III

L'auteur mandé pour se rendre à la cour : la reine l'achète et le présente au roi. — Il discute avec les savants de Sa Majesté. — On lui prépare un appartement. — Il devient favori de la reine. — Il soutient l'honneur de son pays. — Ses querelles avec le nain de la reine.

LES peines et les fatigues qu'il me fallait essuyer chaque jour apportèrent un changement considérable à ma santé; car plus mon maître gagnait, plus il devenait insatiable. J'avais perdu entièrement l'appétit, et j'étais presque devenu un squelette. Mon maître s'en aperçut, et, jugeant que je mourrais bientôt, résolut de tirer de moi tout le profit qu'il pourrait. Pendant qu'il calculait de cette façon, un *slardral*, ou écuyer du roi, vint lui ordonner de m'amener sur-le-champ à la cour pour le divertissement de la reine et de toutes ses dames.

Quelques-unes d'entre elles m'avaient déjà vu, et avaient rapporté des choses merveilleuses de ma figure mignonne, de mon maintien gracieux et de mon esprit. Sa Majesté et sa suite furent extrêmement diverties de mes manières. Je me mis à genoux, et demandai d'avoir l'honneur de baiser son pied royal; mais cette princesse aimable me présenta son petit doigt, que je serrai entre mes deux bras et dont j'appliquai le bout avec respect à mes lèvres. Elle me fit des questions générales, touchant mon pays et mes voyages, auxquelles je répondis aussi distinctement et en aussi peu de mots que je pus. Elle me demanda si je serais bien aise de vivre à la cour; je fis la révérence jusqu'au bas de la table sur laquelle j'étais monté, et répondis humblement que j'étais l'esclave de mon maître, mais que, s'il ne dépendait que de moi, je serais charmé de consacrer ma vie au service de Sa Majesté.

Elle demanda ensuite à mon maître s'il voulait me vendre. Lui, qui s'imaginait que je n'avais pas un mois à vivre, fut ravi de la proposition, et fixa le prix de ma vente à mille pièces d'or, qu'on lui compta sur-le-champ.

Je dis alors à la reine que, puisque j'étais devenu un humble esclave de Sa Majesté, je lui demandais la grâce que Glumdalclitch, qui avait toujours eu pour moi tant d'attention, d'amitié et de soins, fût admise à l'honneur de son service, et continuât d'être ma gouvernante. Sa Majesté y consentit, et y fit consentir aussi le laboureur, qui était bien aise de voir sa fille à la cour. Pour la pauvre fille, elle ne pouvait cacher sa joie. Mon maître se retira, et me dit en partant qu'il me laissait dans un bon endroit; à quoi je ne répliquai que par une révérence cavalière. La reine remarqua la froideur avec laquelle j'avais reçu le compliment et l'adieu du laboureur, et m'en demanda la cause.

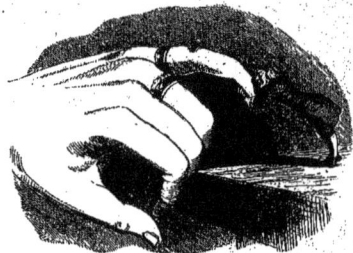

Je pris la liberté de répondre à Sa Majesté que je n'avais d'autre obligation à mon dernier maître que celle de n'avoir pas écrasé un pauvre animal innocent, trouvé par hasard dans son champ; que ce bienfait avait été assez bien payé par le profit qu'il avait fait en me montrant pour de l'argent, et par le prix qu'il venait de recevoir en me vendant; que ma santé était très altérée par mon esclavage et par l'obligation continuelle d'entretenir et d'amuser le menu peuple à toutes les heures du jour, et que si mon maître n'avait pas cru ma vie en danger, Sa Majesté ne m'aurait pas eu à si bon marché; mais comme je n'avais pas lieu de craindre d'être désormais aussi malheureux sous la protection d'une princesse si grande et si bonne, l'ornement de la nature, l'admiration du monde, les délices de ses sujets et le phénix de la création, j'espérais que l'appréhension qu'avait eue mon dernier maître serait vaine puisque je me trouvais déjà ranimé par l'influence de sa présence très auguste.

7

Tel fut le sommaire de mon discours, dans lequel je commis plusieurs barbarismes, et que je ne prononçai pas très couramment.

La reine, qui excusa avec bonté les défauts de ma harangue, fut surprise de trouver tant d'esprit et de bon sens dans un si petit animal : elle me prit dans ses mains, et sur-le-champ me porta au roi, qui était alors retiré dans son cabinet.

Sa Majesté, prince très sérieux et d'un visage austère, ne remarquant pas bien ma figure à première vue, demanda froidement à la reine depuis quand elle avait le goût des *splack-nocks* (car il m'avait pris pour cet insecte); mais la reine, qui avait infiniment d'esprit, me mit doucement debout sur l'écritoire du roi, et m'ordonna de dire moi-même à Sa Majesté ce que j'étais. Je le fis en très peu de mots; et Glumdalclitch, qui était restée à la porte du cabinet, ne pouvant souffrir que je fusse long-temps hors de sa présence, entra, et dit à Sa Majesté comment j'avais été trouvé dans un champ.

Le roi était aussi savant qu'aucun de ses sujets, surtout dans les mathématiques et les sciences naturelles. Cependant, quand il vit de près ma figure et ma démarche, avant que je pusse commencer à parler, il s'imagina que je pourrais être une machine artificielle, la mécanique étant poussée à un haut degré de perfection en son pays; mais quand il eut entendu ma voix, et qu'il eut trouvé du raisonnement dans les petits sons que je rendais, il ne put cacher son étonnement et son admiration.

Il n'était nullement satisfait de la relation que je lui avais donnée de mon arrivée en ce royaume, et il supposait que c'était un conte inventé par le père de Glumdalclitch, et que l'on m'avait fait apprendre par cœur. Dans cette pensée, il m'adressa d'autres questions, et je répondis à toutes avec justesse, mais avec un léger accent étranger et quelques locutions rustiques que j'avais apprises chez le fermier, et qui étaient assez déplacées à la cour.

Il envoya chercher trois savants qui étaient alors de quartier à la cour et dans leur semaine de service, selon la coutume de ce pays. Ces messieurs, après avoir examiné ma figure avec beaucoup d'attention, furent d'avis différents sur mon sujet. Ils convenaient tous cependant que je ne pouvais pas être produit suivant les lois ordinaires de la nature, parce que j'étais dépourvu de la faculté naturelle de conserver ma vie, soit par l'agilité, soit par la faculté de grimper sur un arbre, soit par le pouvoir de creuser la terre et d'y faire des trous pour m'y cacher comme les lapins. Mes dents, qu'ils considérèrent longtemps, leur firent conjecturer que j'étais un animal carnassier.

Après cette conclusion décisive, je pris la liberté de dire quelques mots : je m'adressai au roi, et protestai à Sa Majesté que je venais d'un pays où mon espèce était répandue en plusieurs millions d'individus des deux sexes, où les animaux, les arbres et les maisons étaient proportionnés à ma petitesse, et où, par conséquent, je pouvais être tout aussi bien en état de me défendre et de trouver ma nourriture, qu'aucun des sujets de Sa Majesté pouvait le faire en ses États. Cette réponse fit sourire dédaigneusement les philosophes, qui répliquèrent que le laboureur m'avait bien instruit, et que je savais ma leçon. Le roi, qui avait plus de pénétration que ses savants, les congédia et envoya chercher le laboureur, qui, par bonheur, n'était pas encore sorti de la ville. L'ayant donc d'abord examiné en particulier, et puis l'ayant confronté avec moi et avec la jeune fille, Sa Majesté commença à croire que ce que je lui avais dit pouvait être vrai. Il pria la reine de donner ordre qu'on prît un soin particulier de moi, et fut d'avis qu'il me fallait laisser sous la conduite de Glumdalclitch, ayant remarqué que nous avions une grande affection l'un pour l'autre.

On lui fit préparer un appartement convenable dans le palais ; elle eut une gouvernante, une femme de chambre et deux laquais, mais fut seule chargée de me soigner.

La reine donna ordre à son ébéniste de faire une boîte qui pût me servir de chambre à coucher, suivant le modèle que Glumdalclitch et moi lui donnerions. Cet homme, qui était un ouvrier très adroit, me fit en trois semaines une chambre de bois de seize pieds en carré et de douze de haut, avec des fenêtres, une porte et deux cabinets de la grandeur d'une chambre à coucher de Londres. La planche qui formait le plafond s'ouvrait, et Glumdalclitch pouvait tirer mon lit en dehors par cette ouverture, qui avait servi à le passer. Il était fait avec beaucoup de soin par le tapissier de la reine. Ma petite bonne l'arrangeait tous les jours, de ses propres mains, puis le soir elle le remettait et refermait la trappe sur moi. La chambre était matelassée de tous côtés, afin de prévenir les accidents qui pouvaient m'arriver par la maladresse de mes porteurs ou les cahots des voitures.

Un ouvrier habile, qui était célèbre pour les petits bijoux curieux, entreprit de me faire deux chaises d'une matière semblable à l'ivoire, et deux tables, avec une armoire pour mettre mes hardes. Je demandai une serrure, afin de pouvoir fermer ma porte et empêcher les rats et les souris d'entrer chez moi ; le serrurier, après plusieurs tentatives, fit la plus petite serrure que l'on eût jamais vue en ce pays ; et j'en ai vu en effet de plus grandes aux portes des maisons anglaises. Après cela, la reine fit chercher les étoffes les plus fines pour me faire des habits. J'eus de la peine à m'accoutumer au poids des vêtements du pays ; ils tiennent un peu des formes chinoises, un peu des formes persanes. A tout prendre, ce costume me parut grave et décent.

Cette princesse goûtait si fort mon entretien, qu'elle ne pouvait dîner sans moi. J'avais une table placée sur celle où Sa Majesté mangeait, avec une chaise sur laquelle je pouvais m'asseoir. Glumdalclitch était debout sur un tabouret, près de la table, pour pouvoir prendre soin de moi. J'avais un service complet, qui pouvait tenir dans une boîte de ménage d'enfant, et Glumdalclitch la portait dans sa poche. La reine dînait seule avec les princesses ses filles, l'une âgée de seize ans, l'autre de treize. Sa Majesté plaçait un morceau de l'un des plats de sa table sur mon assiette, et je le découpais avec mon couteau, ce qui paraissait divertir infiniment ces princesses. De mon côté, les énormes bouchées que prenait la reine (dont l'estomac était cependant très délicat) me causaient un dégoût involontaire. Une douzaine de nos fermiers auraient dîné d'une de ces bouchées. Elle croquait l'aile d'une mauviette, os et chair, bien qu'elle fût neuf fois aussi grande qu'une aile de dindon ; et le morceau de pain qui l'accompagnait était de la grosseur de deux pains de quatre livres. Les cuillers, les fourchettes et autres instruments étaient dans les mêmes proportions. Une fois, ma petite bonne me fit voir une des tables des gens du palais, et j'avoue qu'en voyant dix à douze de ces grands couteaux et fourchettes en mouvement, cela me parut horrible.

Il n'y avait rien qui m'offensât et me chagrinât plus que le nain de la reine, qui, étant de la taille la plus petite qu'on eût jamais vue dans ce pays, devint d'une insolence extrême à la vue d'un homme beaucoup plus petit que lui. Il me regardait d'un air fier et dédaigneux, et se moquait sans cesse de ma figure quand il passait à côté de moi, tandis que j'étais posé sur une table, causant avec les seigneurs et les dames de la cour ; il ne manquait jamais de lancer quelque quolibet sur mon exiguïté. Je ne m'en vengeai qu'en l'appelant *frère,* en le défiant de lutter avec moi, et en lui adressant de ces petites plaisanteries que les pages de cour se font mutuellement. Un jour, pendant le dîner, le malicieux avorton fut si piqué de quelque chose que je lui avais dit qu'il grimpa sur le dos de la chaise de la reine, me saisit par le milieu du corps, m'enleva, me laissa tomber dans un plat de lait, et s'enfuit. J'en eus par dessus les

Pendant que je causais avec les dames qui restaient dans leurs voitures, et tandis que je m'occupais d'une compagnie, les cochers faisaient filer doucement les autres carrosses autour de la table.

oreilles ; et si je n'avais été un nageur excellent, j'aurais été infailliblement noyé. Glumdalclitch, dans ce moment, était par hasard à l'autre extrémité de la chambre. La reine fut si consternée de cet accident qu'elle manqua de présence d'esprit pour m'assister ; mais ma petite bonne vint à mon secours, et me tira du plat très adroitement, non sans que j'eusse bu plusieurs pintes de lait. On me mit au lit. Cependant je n'eus aucun mal ; mes habits seulement furent complètement gâtés. Le nain fut bien fouetté et condamné en outre à boire le bol de crème dans lequel j'étais tombé. Il ne regagna jamais la faveur de la reine, qui le donna à une de ses dames, à ma grande joie, car il se serait tôt ou tard vengé de moi. Ce n'était pas le premier tour qu'il me jouait. Un jour, Sa Majesté, après avoir vidé la moelle d'un os, l'avait remis sur le plat tout droit ; et le nain, prenant son temps, me saisit, serra mes jambes, et m'enfila dans l'os jusqu'au col. J'y restai quelques minutes, ne croyant pas de ma dignité de crier et d'attirer l'attention sur moi en cette position ridicule. Heureusement les princes ne mangent pas leurs mets très chauds, et mes jambes ne furent pas brûlées. On rit beaucoup lorsque je fus tiré sain et sauf, et je demandai grâce pour le nain.

La reine me raillait souvent sur ma poltronnerie, et me demandait si les gens de mon pays étaient tous aussi couards que moi. La cause de ces railleries était l'importune agression des mouches, qui ne me laissaient pas un instant de repos. Ces odieux insectes (de la grosseur de nos alouettes) m'étourdissaient par leur bourdonnement, tombaient comme des harpies sur ma victuaille, et y laissaient leurs œufs et leurs excréments visibles pour moi. Quelquefois elles se posaient sur mon nez, et me piquaient au vif, exhalant en même temps une odeur affreuse ; et je pouvais alors distinguer la trace de cette matière visqueuse qui, selon nos savants, donne à ces animalcules la faculté de marcher sur un plafond. Malgré moi je tressaillais à l'approche de ces insectes, et le nain prenait plaisir à en rassembler plusieurs dans sa main, puis à les lâcher, afin de m'effrayer et de divertir les princesses. Mon unique recours était de tirer mon couteau et de tailler en pièces mes ennemis ailés ; et l'on admirait la dextérité que je déployais à cette chasse.

CHAPITRE IV

Description du pays. — L'auteur indique une correction pour les cartes modernes. — Palais du roi, sa capitale. — Manière de voyager de l'auteur. — Temple principal.

E vais maintenant donner au lecteur une courte description du pays de Brobdingnag, autant que je l'ai pu connaître par ce que j'en ai parcouru. Il ne s'étend pas à plus de sept cents lieues autour de la capitale; car la reine, que je suivais toujours, s'arrêtait à cette distance lorsqu'elle accompagnait le roi dans ses voyages, et Sa Majesté continuait seule sa tournée jusqu'aux frontières. Toute l'étendue du royaume est environ de deux mille lieues de long, et de mille à quinze cents lieues de large : d'où je conclus que nos géographes de l'Europe se trompent lorsqu'ils croient qu'il n'y a que la mer entre le Japon et la Californie. Je me suis toujours imaginé qu'il devait y avoir de ce côté-là une terre ferme pour servir de contrepoids au grand continent de Tartarie. On doit donc corriger les cartes et joindre cette vaste étendue du pays aux parties nord-ouest de l'Amérique; sur quoi je suis prêt à aider les géographes de mes lumières.

Ce royaume est une presqu'île terminée vers le nord par une chaîne de montagnes qui ont environ dix lieues de hauteur et dont on ne peut approcher à cause des volcans qui sont sur leur cime. Les plus savants ignorent quels espèces de mortels habitent au delà de ces montagnes, et même s'il y a des habitants. La mer borne les trois autres côtés. Il n'y a aucun port dans tout le royaume; les endroits de la côte où les rivières vont se perdre dans la mer sont si remplis de rochers hauts et escarpés et la mer y est ordinairement si agitée qu'il n'y a presque personne qui ose y aborder; en sorte que ces peuples sont exclus de tout commerce avec le reste du monde. Les grandes rivières sont pleines de poissons excellents; aussi est-ce rarement qu'on pêche dans la mer, parce que les poissons y sont de la même grosseur que ceux de l'Europe, et, par rapport à eux, ne valent pas la peine d'être pêchés; il est donc évident que la nature n'a produit que pour ce continent des plantes et des animaux d'une grosseur aussi énorme : je laisse à expliquer aux philosophes les motifs de ce fait singulier. On prend néanmoins quelquefois sur la côte des baleines, dont le bas peuple se nourrit et se régale. J'ai vu une de ces baleines qui était si grosse qu'un homme du pays avait de la peine à la porter sur ses épaules. Quelquefois, par curiosité, on en apporte dans des paniers à Lorbrulgrud; j'en ai vu une dans un plat sur la table du roi, mais il ne paraissait pas aimer cette sorte de nourriture. Peut-être la grosseur de l'animal le dégoûtait-elle; cependant j'en avais vu de plus gros au Groënland.

Le pays est très peuplé; car il contient cinquante et une villes, près de cent bourgs entourés de murailles, et un plus grand nombre de villages et de hameaux. Pour satisfaire le lecteur curieux, il suffira peut-être de donner la description de Lorbrulgrud. Cette ville est située sur une rivière qui la traverse et la divise en deux parties presque égales. Elle contient plus de quatre-vingt mille maisons, et environ six cent mille habitants; elle a, en longueur, trois *glomglungs* (qui font environ dix-huit lieues), et deux et demie en largeur, selon la mesure que j'en pris sur la carte dressée par les ordres du roi, qui fut étendue sur la terre exprès pour moi, et sur laquelle je marchai nu-pieds pour mesurer le diamètre et la circonférence. Cette carte était longue de cent pieds.

On donna un carrosse à Glumdalclitch et à moi, pour voir la ville, ses places et ses hôtels, et courir les boutiques. Elle me tenait près d'elle dans ma boîte; mais souvent, à ma prière, elle m'en faisait sortir et me prenait dans sa main, afin que je pusse mieux voir les maisons et le monde. D'après mes calculs, notre carrosse avait la surface carrée de la salle de Westminster; mais il était moins élevé: toutefois je puis avoir mal calculé. Un jour nous fîmes arrêter la voiture à plusieurs boutiques, et les mendiants, profitant de l'occasion, se rendirent en foule aux portières, et me présentèrent le coup d'œil le plus affreux qu'un Européen ait jamais vu.

Comme ils étaient difformes, estropiés, sales, malpropres, couverts de plaies, de tumeurs et de vermine, et que tout cela me paraissait d'une grosseur énorme, je prie le lecteur de juger de l'impression que ces objets firent sur moi et de m'en épargner la description.

Outre la grande boîte dans laquelle j'étais ordinairement transporté, la reine en fit faire une qui n'avait que douze pieds carrés sur dix de haut, et que ma gouvernante pouvait mettre sur ses genoux quand nous allions en voiture. L'habile ouvrier qui l'avait faite sous notre direction avait percé une fenêtre de trois côtés (on les avait grillées de peur d'accident), et sur le quatrième côté étaient attachées deux fortes boucles en cuir. On passait une ceinture dans ces boucles s'il me plaisait d'aller à cheval, et un domestique fixait la ceinture autour de son corps, et me tenait devant lui. C'est ainsi que j'accompagnais souvent le roi et les princes, que je prenais l'air dans les jardins, ou que je rendais des visites, quand ma petite bonne se trouvait indisposée; car j'étais fort bien vu à la cour, sans doute grâce à la faveur dont le roi voulait bien m'honorer. Dans les voyages, je préférais cette façon d'aller, parce que je pouvais voir le pays plus à mon aise.

C'était toujours une personne sûre à laquelle on confiait le soin de me porter, et ma boîte était posée sur un coussin.

J'avais dans ce cabinet un lit de camp ou hamac suspendu au plafond, une table et deux fauteuils vissés au plancher; et l'habitude de la mer faisait que les mouvements du cheval ou de la voiture ne me causaient pas d'incommodité, bien qu'ils fussent souvent très violents.

Toutes les fois que je désirais courir la ville, c'était toujours dans cette boîte que l'on me portait. Glumdalclitch la posait sur ses genoux, après être montée dans une chaise à porteurs ouverte et portée par quatre hommes à la livrée de la reine. Le peuple, qui avait souvent ouï parler de moi, se rassemblait en foule autour de la chaise pour me voir; et la jeune fille avait la complaisance de faire arrêter les porteurs et de me prendre dans sa main, afin que l'on pût me considérer plus commodément.

J'étais fort curieux de voir le temple principal, surtout la tour qui en fait partie et que l'on regarde comme la plus haute du royaume. Ma gouvernante m'y conduisit; et j'avoue que je fus trompé dans mon attente; car cette tour n'a pas plus de trois mille pieds du sol au point le plus élevé, ce qui n'a rien de très merveilleux, vu la différence de proportion qui existe entre ces peuples et nous : cela n'égale pas relativement la hauteur du clocher de Salisbury, si je me souviens bien de celle-ci. Mais, ne voulant pas rabaisser par mes critiques une nation envers laquelle j'ai contracté une reconnaissance éternelle, je ferai observer que ce qui manque à cette tour en élévation est compensé par la beauté et la solidité. Les murs ont près de cent pieds d'épaisseur, et sont en pierres de taille de quarante pieds cubes; ils sont ornés de statues colossales de dieux et d'empereurs, en marbre, placées dans des niches. Je mesurai le petit doigt de l'une de ces statues qui était tombé et gisait parmi les décombres, et je trouvai qu'il avait juste quatre pieds un pouce de long. Glumdalclitch l'enveloppa dans son mouchoir, et l'emporta pour le conserver avec d'autres jouets; car elle aimait beaucoup les jouets, ce qui était assez naturel à son âge.

Quant au palais du roi, c'est un bâtiment assez peu régulier, ou plutôt un amas d'édifices couvrant un peu plus de deux lieues; les chambres principales sont hautes de deux cent quarante pieds et larges à proportion.

La cuisine royale était un superbe édifice voûté, d'environ six cents pieds de haut. Le grand four a dix pas de moins que la coupole de Saint-Paul; je m'en suis assuré en mesurant celle-ci à mon retour. Mais si je décrivais les grilles à feu, les énormes pots et marmites, et les pièces de viande qui tournaient sur les broches, on aurait peine à me croire; du moins de sévères critiques pourraient m'accuser d'exagération. Pour éviter ces censures, je crains d'être tombé dans l'extrémité opposée; et si cet ouvrage était jamais traduit dans la langue de Brobdingnag (c'est le nom de ce pays) et qu'il fut transmis en ce royaume, le roi et le peuple auraient, je pense, raison de se plaindre du tort que je leur ai fait en réduisant leurs proportions.

Le roi n'a jamais plus de six cents chevaux dans ses écuries, et ils ont en général de cinquante-quatre à soixante pieds de haut. Dans les grandes solennités, il est suivi d'une garde de cinq cents cavaliers, qui m'avaient paru la plus belle troupe qui existât; mais lorsque je vis une partie de l'armée rangée en bataille dans une autre occasion, ce spectacle me sembla encore plus imposant.

CHAPITRE V

Aventures diverses arrivées à l'auteur. — Il montre ses connaissances en navigation.

'AURAIS passé ma vie assez doucement en ce pays si ma petite taille ne m'eût exposé à mille accidents dont je rapporterai quelques-uns. Ma gouvernante me portait quelquefois dans les jardins, et là me tirait de ma boîte ou me laissait à terre me promener librement. Un jour, le nain de la reine (avant sa disgrâce) nous avait suivis dans les jardins, et Glumdalclitch m'ayant posé à terre, nous nous trouvâmes, lui et moi, à côté d'un pommier nain. Je fus tenté de montrer mon esprit par une comparaison assez sotte entre mon compagnon et l'arbre, les termes dans les deux langues prêtant également à cette similitude. Le petit méchant, voulant se venger de ma plaisanterie, prit son temps pour secouer une branche bien chargée de fruits, et une douzaine de pommes plus grosses que des tonneaux de Bristol tombèrent sur moi. Une seule m'atteignit à l'instant où je me baissais, et me fit choir le nez contre terre. Je ne voulus pas me plaindre de ce tour, parce que je l'avais provoqué.

Un autre jour, ma bonne me laissa sur un gazon bien uni, tandis qu'elle causait à quelque distance avec une dame de la cour. Tout à coup un orage de grêle vint à tomber, et je fus à l'instant renversé et meurtri par les grêlons. Je me traînai à quatre pattes jusqu'à une bordure de thym, sous laquelle j'étais à moitié abrité; mais je fus tellement moulu des pieds à la tête, que je gardai la chambre pendant huit jours, ce qui n'a rien de surprenant, car toutes choses ayant, en ce pays, la même proportion gigantesque par rapport à nous, les grêlons ordinaires étaient dix-huit cents fois plus gros que les nôtres. Je puis affirmer le fait, puisque j'eus la curiosité d'en peser et d'en mesurer un.

Cette aventure décida ma gouvernante à ne plus me quitter, et comme je craignais depuis longtemps cette résolution, je lui avais caché plusieurs petits incidents fâcheux qui m'étaient arrivés. Un cerf-volant avait failli m'emporter, si je n'avais pas eu la présence d'esprit de me mettre à l'abri d'un espalier et de me défendre avec mon couteau. Une autre fois, je m'enfonçai jusqu'au cou dans une taupinière, et je manquai peu de temps après de me casser l'épaule contre une coquille de limaçon, sur laquelle je trébuchai en songeant à ma chère Angleterre.

8.

La reine qui prenait plaisir à causer avec moi de mes voyages, et qui ne laissait échapper aucune occasion de me distraire quand j'étais mélancolique, me demanda un jour si j'étais capable de manier une rame ou de diriger une voile, et si un peu d'exercice en ce genre ne serait pas bon pour ma santé. Je répondis que j'entendais ces deux exercices, parce que, bien que mon emploi fût celui de chirurgien de vaisseau, j'avais été souvent obligé de travailler comme un simple matelot dans les moments de crise ; mais que j'ignorais comment je pourrais naviguer en ce pays où la plus petite barque était égale à un vaisseau de guerre du premier rang parmi nous ; d'ailleurs, un navire proportionné à ma grandeur et à mes forces n'aurait pu flotter longtemps sur leurs rivières, et je n'aurais pu le gouverner.

Sa Majesté me dit que, si je voulais, son menuisier me ferait une petite barque, et qu'elle me trouverait un endroit où je pourrais naviguer. Le menuisier, suivant mes instructions, en dix jours me construisit un petit navire avec tous ses cordages, capable de tenir commodément huit Européens.

Quand il fut achevé, la reine fut si ravie qu'elle le mit dans son tablier et courut le montrer au roi ; celui-ci donna l'ordre de le mettre dans une citerne, où j'essayerais de le manœuvrer, ce qui me fut impossible, faute d'espace pour mes rames.

Cependant la reine avait eu auparavant une autre idée ; elle avait commandé à son menuisier de faire une auge de bois longue de trois cents pieds, large de cinquante, et profonde de huit, laquelle, étant bien goudronnée pour empêcher l'eau de s'échapper, fut posée sur le plancher, le long de la muraille, dans une salle extérieure du palais : elle avait un robinet bien près du fond pour laisser sortir l'eau de temps en temps, et deux domestiques la pouvaient remplir dans une demi-heure de temps.

C'est là que l'on me fit ramer pour mon divertissement aussi bien que pour celui de la reine et de ses dames, qui prirent beaucoup de plaisir à voir mon adresse et mon agilité.

Quelquefois je haussais ma voile, et alors je n'avais d'autre peine que de tenir le gouvernail pendant que les dames me donnaient un coup de vent avec leurs éventails ; et quand elles se trouvaient fatiguées, quelques-uns des pages poussaient et faisaient avancer le navire avec leur souffle, tandis que je manœuvrais à tribord ou à bâbord, selon qu'il me plaisait. Quand j'avais fini, Glumdalclitch reportait mon navire dans son cabinet et le suspendait à un clou pour le faire sécher.

Dans cet exercice, il m'arriva une fois un accident qui faillit me coûter la vie. Un des pages ayant mis mon esquif dans l'auge, une femme de la suite de Glumdalclitch me prit très officieusement pour me mettre dans le navire ; mais il arriva que je glissai entre ses doigts, et je serais infailliblement tombé de la hauteur de quarante pieds sur le plancher, si, par le plus heureux hasard du monde, je n'eusse été arrêté par une grosse épingle qui était fichée dans le

Paris. — Typ. Ch. Unsinger.

C'est là que l'on me fit ramer pour mon divertissement, aussi bien que pour celui de la reine et de ses dames, qui prirent beaucoup de plaisir à voir mon adresse et mon agilité.

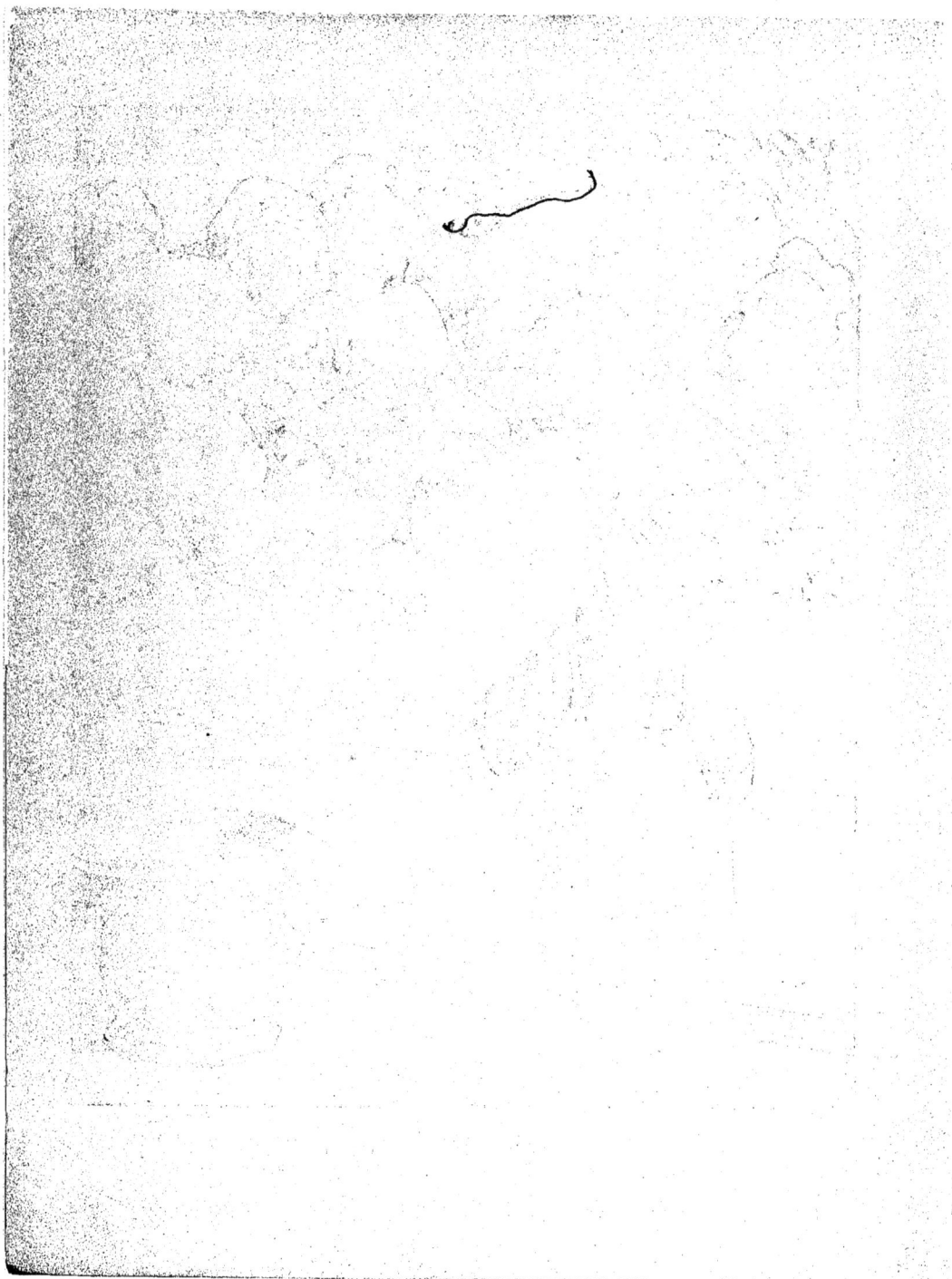

tablier de cette femme. La tête de l'épingle passa entre ma chemise et la ceinture de ma culotte, et ainsi je fus suspendu en l'air, et l'on eut le temps de venir à mon secours.

Une autre fois, un des domestiques dont la fonction était de remplir mon auge d'eau fraîche tous les trois jours fut si négligent qu'il laissa échapper de son seau une grenouille très grosse, sans l'apercevoir. La grenouille se tint cachée jusqu'à ce que je me fusse mis à flot; alors, voyant un endroit pour se reposer, elle y grimpa, et fit tellement pencher le navire, que je me trouvai obligé de faire le contrepoids de l'autre côté pour l'empêcher d'enfoncer.

Cependant la grenouille se mit à sauter sur ma tête, puis sur mes jambes, couvrant de boue mon visage et mes habits. Sa grosseur en faisait un monstre épouvantable à mes yeux; toutefois je priai ma gouvernante de me laisser tirer d'affaire seul avec cette bête; et en la poursuivant avec une de mes rames, je la fis enfin sauter hors du bateau.

Voici le plus grand péril que je courus dans ce royaume: Glumdalclitch m'avait enfermé au verrou dans son cabinet, étant sortie pour des affaires, ou pour faire une visite. Le temps était très chaud, et la fenêtre du cabinet était ouverte aussi bien que les fenêtres et la porte de ma boîte. Pendant que j'étais assis tranquille et mélancolique près de ma table, j'entendis quelque chose entrer dans le cabinet par la fenêtre, et sauter çà et là. Quoique j'en fusse un peu alarmé, j'eus le courage de regarder au dehors, mais sans abandonner ma chaise, et alors je vis un animal capricieux, bondissant ou sautant de tous côtés, qui enfin s'approcha de ma boîte et la regarda avec une apparence de plaisir et de curiosité, mettant sa tête à la porte et à chaque fenêtre.

Je me retirai au coin le plus éloigné de ma boîte; mais cet animal, qui était un singe, regardant dedans de tous côtés, me donna une telle frayeur, que je n'eus pas la présence d'esprit de me cacher sous mon lit, comme je pouvais le faire très facilement. Après bien des grimaces et des gambades, le singe me découvrit; et fourrant une de ses pattes par l'ouverture de la porte, comme fait un chat qui joue avec une souris, quoique je changeasse souvent de lieu pour me mettre à l'abri, il m'attrapa par les pans de mon justaucorps (qui, étant fait du drap de ce pays, était épais et très solide), et me tira dehors. Il me prit dans sa patte droite, et

me tint comme une nourrice tient un enfant qu'elle va allaiter. J'avais vu souvent, en Europe, des singes s'amuser ainsi avec de petits chats. Quant je me débattais, il me pressait si fort que je crus que le parti le plus sage était de me soumettre et d'en passer par tout ce qui lui plairait. J'ai quelque raison de croire qu'il me prit pour un jeune singe, parce qu'avec son autre patte il flattait doucement mon visage.

Il fut tout à coup interrompu par un bruit à la porte du cabinet, comme si quelqu'un eût tâché de l'ouvrir; soudain il sauta par la fenêtre par laquelle il était entré, et de là sur les gouttières, marchant sur trois pattes, et me tenant dans la quatrième, jusqu'à ce qu'il eût grimpé à un toit attenant au nôtre. J'entendis dans l'instant jeter des cris pitoyables à Glumdalclitch. La pauvre fille était au désespoir, et ce quartier du palais fut bientôt en alarmes : les domestiques coururent chercher des échelles; le singe fut vu par plusieurs personnes assis sur le faîte d'un bâtiment, me tenant comme une poupée dans une de ses pattes de devant, et me donnant à manger avec l'autre, fourrant dans ma bouche quelques viandes qu'il avait attrapées, et me tapant quand je ne voulais pas manger. Cela faisait beaucoup rire la plupart de ceux qui me regardaient d'en bas; et cela était fort excusable, car, excepté pour moi, la chose était assez plaisante. Quelques-uns jetèrent des pierres, dans l'espérance de faire descendre le singe; mais on défendit de continuer, de peur de me casser la tête.

Des échelles furent apportées, et plusieurs hommes montèrent sur le toit. Aussitôt le singe effrayé décampa, et me laissa tomber sur une gouttière. Alors un des laquais de ma petite maîtresse, honnête garçon qui m'aimait beaucoup, grimpa, et, me mettant dans la poche de sa culotte, me fit descendre en sûreté.

J'étais presque suffoqué des ordures que le singe avait fourrées dans mon gosier; mais ma chère petite maîtresse me fit vomir, ce qui me soulagea. J'étais si faible et si froissé des embrassades de cet animal que je fus obligé de me tenir au lit pendant quinze jours. Le roi et toute la cour envoyèrent chaque jour demander des nouvelles de ma santé, et la reine me fit plusieurs visites pendant ma maladie. Le singe fut mis à mort, et un ordre fut porté, faisant défense d'entretenir désormais aucun animal de cette espèce auprès du palais.

La première fois que je me rendis auprès du roi, après le rétablissement de ma santé, pour le remercier de ses bontés, il me fit l'honneur de me railler beaucoup sur cette aventure; il me demanda quels étaient mes sentiments et mes réflexions pendant que j'étais entre les pattes du singe, quel goût avaient les viandes qu'il me donnait, et si l'air frais que j'avais respiré sur le toit n'avait pas aiguisé mon appétit : il souhaita fort de savoir ce que j'aurais fait en une telle occasion dans mon pays. Je dis à Sa Majesté qu'en Europe nous n'avions point de singes, excepté ceux qu'on apportait des pays étrangers, et qu'ils étaient si petits qu'ils n'étaient point à craindre. A l'égard de cet animal énorme à qui je venais d'avoir affaire (il était en vérité aussi gros qu'un éléphant), si la peur m'avais permis de penser aux moyens d'user de mon sabre (à ces mots je pris un air fier, et mis la main sur la poignée), quand il a fourré sa patte dans ma chambre, peut-être lui aurais-je fait une telle blessure, qu'il se serait hâté de la retirer plus promptement qu'il ne l'avait avancée.

Je prononçai ces paroles avec la fermeté d'une personne jalouse de son honneur mis en question. Cependant mon discours ne produisit rien qu'un éclat de rire, et tout le respect dû à Sa Majesté de la part de ceux qui l'environnaient ne put le retenir : ce qui me fit réfléchir sur la sottise d'un homme qui tâche de se faire honneur à lui-même en présence de ceux qui sont hors de tout degré d'égalité ou de comparaison avec lui. Je me rappelai plusieurs exemples de la même erreur au moral que j'avais observés en Angleterre, où bien souvent de très minces personnages, sous le rapport de la naissance, de l'esprit, de la bonne mine, ou même du bon sens, prennent un air important avec les plus grands du royaume.

CHAPITRE VI

Différentes inventions de l'auteur pour plaire au roi et à la reine. — Le roi s'informe de l'état de l'Europe, dont l'auteur essaye de lui donner une idée. — Observations du roi à ce sujet.

J'AVAIS coutume de me rendre au lever du roi une ou deux fois par semaine, et je m'y étais trouvé souvent lorsqu'on le rasait; ce qui, au commencement, me faisait trembler, le rasoir du barbier étant près de deux fois plus long qu'une faux. Sa Majesté, selon l'usage du pays, n'était rasée que deux fois par semaine. Je demandai une fois au barbier quelques poils de la barbe du roi. Il me les donna, et je pris un petit morceau de bois auquel je perçai plusieurs trous à une distance égale avec une aiguille, j'y attachai les poils si adroitement que je m'en fis un peigne : ce qui me fut d'un grand secours, le mien étant rompu et devenu presque inutile, et n'ayant trouvé dans le pays aucun ouvrier capable de m'en faire un autre.

Je me souviens d'un amusement que je me procurai vers le même temps. Je priai une des femmes de chambre de la reine de recueillir les cheveux fins qui tombaient de la tête de Sa Majesté quand on la peignait, et de me les donner. J'en amassai une quantité considérable, et alors, prenant conseil de l'ébéniste qui avait reçu ordre de faire tous les petits ouvrages que je lui commanderais, je lui donnai des instructions pour me faire deux fauteuils de la grandeur de ceux qui se trouvaient dans ma boîte, et de les percer de plusieurs petits trous avec une alène fine.

Quand les pieds, les bras, les barres et les dossiers des fauteuils furent prêts, je composai le fond avec les cheveux de la reine, que je passai dans les trous, et j'en fis des fauteuils semblables aux meubles de canne dont nous nous servons en Angleterre. J'eus l'honneur d'en faire présent à la reine, qui les mit dans son armoire comme une curiosité.

Elle voulut un jour me faire asseoir dans un de ces fauteuils; mais je m'en excusai, protestant que j'aimerais mieux souffrir mille morts que de m'asseoir sur des cheveux qui avaient orné la tête de Sa Majesté. Comme j'avais du génie pour la mécanique, je fis ensuite, de ces cheveux, une petite bourse très bien travaillée, longue d'environ deux aunes, avec le nom de Sa Majesté tissu en lettres d'or; je la donnai à Glumdalclitch, du consentement de la reine; et comme elle était trop fine pour contenir même des pièces d'or, ma petite bonne y renfermait quelques-unes de ces bagatelles si précieuses aux jeunes filles.

Le roi, qui aimait fort la musique, avait très souvent des concerts, auxquels j'assistais placé dans ma boîte; mais le bruit était si grand que je ne pouvais guère distinguer les accords : j'affirme que tous les tambours et trompettes d'une armée royale, battant et sonnant à la fois tout près des oreilles, n'auraient pu égaler ce bruit. Ma coutume était de faire placer ma boîte loin de l'endroit où étaient les acteurs du concert, de fermer les portes et les fenêtres, et de tirer les rideaux : avec ces précautions, je ne trouvai pas leur musique désagréable.

J'avais appris pendant ma jeunesse à jouer du clavecin. Glumdalclitch en avait un dans sa chambre, où un maître se rendait deux fois par semaine pour le lui enseigner. La fantaisie me prit un jour de régaler le roi et la reine d'un air anglais sur cet instrument; mais cela me parut extrêmement difficile; car le clavecin était long de près de soixante pieds, et les touches larges d'un pied; de telle sorte qu'avec mes deux bras bien étendus, je ne pouvais atteindre plus de cinq touches; et, de plus, pour tirer un son, il me fallait toucher à grands coups de poing.

Voici le moyen dont je m'avisai : je taillai deux bâtons de la grosseur d'une canne ordinaire, et je couvris le bout de ces bâtons de peau de souris, pour ménager les touches et le son de l'instrument; je plaçai un banc vis-à-vis, sur lequel je montai, et alors je me mis à courir avec toute la vitesse et l'agilité imaginables sur cette espèce d'échafaud, frappant çà et là le clavier avec mes deux bâtons de toute ma force ; en sorte que je vins à bout de jouer une gigue anglaise à la grande satisfaction de Leurs Majestés ; mais il faut avouer que je ne fis jamais d'exercice plus violent et plus pénible. Je ne pouvais embrasser plus de seize touches ; par conséquent, je ne pouvais jouer la basse et la tierce en même temps, ce qui ôtait beaucoup d'agrément à mon jeu.

Le roi, qui, comme je l'ai dit, était doué d'une haute intelligence, ordonnait souvent de m'apporter dans ma boîte, et de me mettre sur la table de son cabinet. Alors il me commandait de tirer une de mes chaises hors de ma boîte, et de m'asseoir de sorte que je fusse au niveau de son visage. De cette manière, j'eus plusieurs conférences avec lui. Un jour je pris la liberté de dire à Sa Majesté que le mépris qu'elle avait conçu pour l'Europe et pour le reste du monde ne me semblait pas digne d'un esprit aussi éclairé que le sien ; que la raison était indépendante de la grandeur du corps ; et que l'on avait même observé dans notre pays que les personnes de haute taille n'étaient pas ordinairement les plus ingénieuses ; et que, parmi les animaux, les abeilles et les fourmis avaient la réputation d'avoir le plus d'industrie et de sagacité ; et enfin que, quelque peu de cas qu'il fît de ma figure, j'espérais néanmoins pouvoir rendre de grands services à Sa Majesté. Le roi m'écouta avec attention, et commença à prendre meilleure opinion de moi.

Il m'ordonna alors de lui faire une relation exacte du gouvernement d'Angleterre, disant que, quelque prévenus que les princes fussent ordinairement en faveur de leurs maximes et de leurs usages (ce qu'il supposait d'après mes discours), il serait bien aise d'entendre des choses qui pourraient être bonnes à imiter. Imaginez-vous, mon cher lecteur, combien je désirai alors d'avoir le génie et la langue de Démosthène et de Cicéron, afin de célébrer ma chère patrie dans un style digne de ses mérites et de sa prospérité.

Je commençai par dire à Sa Majesté que nos États étaient composés de deux îles qui formaient trois puissants royaumes sous un seul souverain, sans compter nos colonies en Amérique. Je m'étendis fort sur la fertilité de notre terre et sur la température de notre climat.

Je décrivis ensuite la constitution du parlement anglais, divisé en deux corps législatifs, le premier, nommé chambre des pairs, composé de nobles possesseurs et seigneurs des plus belles terres du royaume. Je parlai de l'extrême soin qu'on prenait de leur éducation par rapport aux sciences et aux armes, pour les rendre capables d'être conseillers-nés du royaume, d'avoir part dans l'administration du gouvernement, d'être membres de la plus haute cour de justice, dont il n'y avait point d'appel, et d'être les défenseurs zélés de leur prince et de leur patrie, par leur valeur, leur conduite et leur fidélité ; je dis que ces seigneurs étaient l'ornement et la sûreté du royaume, et les dignes successeurs de leurs ancêtres, dont les honneurs avaient été la récompense d'une vertu insigne. J'ajoutai que de saints personnages siégeaient avec ces nobles sous le titre d'évêques, et que leur charge particulière était de veiller sur la religion et sur ceux qui la prêchent au peuple ; et qu'on choisissait dans le clergé les hommes les plus exemplaires et les plus savants pour les revêtir de cette dignité éminente.

Je dis que l'autre partie du parlement était une assemblée respectable, nommée la chambre des communes, composée de nobles ou de gentilshommes choisis librement, et députés par le peuple même, seulement à cause de leurs lumières, de leurs talents et de leur amour pour la patrie, afin de représenter la sagesse de toute la nation. J'ajoutai que ces deux corps formaient la plus auguste assemblée de l'Europe, et que cette assemblée, de concert avec le prince, faisait les lois et décidait de toutes les affaires d'État.

Ensuite je décrivis nos cours de justice, où étaient assis de vénérables interprètes de la loi, qui décidaient sur les différentes contestations des particuliers, qui punissaient le crime et protégeaient l'innocence. Je ne manquai pas de parler de la sage et économique administration de nos finances, et de m'étendre sur la valeur et les exploits de nos guerriers de mer et de terre. Je supputai le nombre de mes concitoyens, en comptant combien il y avait de millions d'hommes de différentes religions et de différents partis politiques parmi nous. Je n'omis ni nos jeux, ni nos spectacles, ni aucune autre particularité que je crusse pouvoir faire honneur à mon pays, et je finis par un petit récit historique des dernières révolutions d'Angleterre depuis environ cent ans.

Cette conversation remplit cinq audiences, chacune de plusieurs heures ; et le roi écouta le tout avec une grande attention, écrivant l'extrait de presque tout ce que je disais.

Sa Majesté, dans une autre audience, prit la peine de récapituler la substance de tout ce que j'avais dit, compara les questions qu'elle m'avait faites avec les réponses que j'avais données ; puis, me prenant dans ses mains et me flattant doucement, s'exprima dans ces mots que je n'oublierai jamais, non plus que la manière dont elle les prononça :

« Mon petit ami Grildrig, vous avez fait un panégyrique admirable de votre pays : vous avez fort bien prouvé que l'ignorance, la paresse et le vice peuvent être quelquefois les seules qualités d'un homme d'État ; que les lois sont éclaircies, interprétées et appliquées le mieux du monde par des gens dont les intérêts et la capacité les portent à les corrompre, à les embrouiller et à les éluder. La forme de votre gouvernement, dans son origine, a peut-être été supportable, mais le vice l'a tout à fait défigurée. Il ne me paraît pas même, par tout ce que vous m'avez dit, qu'une seule vertu soit requise pour parvenir à aucun rang ou à aucune charge parmi vous. Je vois que les hommes n'y sont point anoblis pour leur vertu, que les prêtres n'y sont point avancés pour leur piété ou leur science, les soldats pour leur conduite ou leur valeur, les juges pour leur intégrité, les sénateurs pour l'amour de leur patrie, ni les hommes d'État pour leur sagesse. Pour vous, continua le roi, qui avez passé la plus grande partie de votre vie dans les voyages, je veux croire que vous n'êtes pas infecté des vices de votre pays; mais, par tout ce que vous m'avez raconté d'abord et par les réponses que je vous ai obligé de faire à mes objections, je juge que la plupart de vos compatriotes sont la plus pernicieuse vermine à qui la nature ait jamais permis de ramper sur la surface de la terre. »

L'amour de la vérité m'a seul empêché de déguiser l'entretien que j'eus alors avec Sa Majesté; mais il eût été vain de montrer mon dépit, qui ne faisait jamais d'autre effet que d'exciter le rire; et je fus obligé d'écouter patiemment cette diatribe contre ma chère patrie.

CHAPITRE VII

Le roi et la reine font un voyage vers la frontière, où l'auteur les suit. — Détail de la manière dont il sort de ce pays pour retourner en Angleterre.

'AVAIS toujours dans l'esprit que je recouvrerais un jour ma liberté, quoique je ne pusse deviner par quel moyen, ni former aucun projet avec la moindre apparence de réussir. Le vaisseau qui m'avait porté, et qui avait échoué sur ces côtes, était le premier bâtiment européen qu'on eût su en avoir approché, et le roi avait donné des ordres très précis pour que, si jamais il arrivait qu'un autre parût, il fût tiré à terre, mis avec tout l'équipage et les passagers sur un tombereau, et apporté à Lorbrulgrud.

Le roi aurait bien voulu me trouver une femme de ma taille, afin de voir multiplier mon espèce; mais je crois que j'aurais mieux aimé mourir que d'avoir de malheureux enfants destinés à être mis en cage, ainsi que des serins de Canarie, et à être ensuite vendus par tout le royaume aux gens de qualité comme de petits animaux curieux.

J'étais à la vérité traité avec beaucoup de bonté : j'étais le favori du roi et de la reine, et les délices de toute la cour; mais c'était dans une condition qui ne convenait pas à la dignité de la nature humaine.

Je souhaitais fort de me retrouver parmi des peuples avec lesquels je pusse m'entretenir d'égal à égal, et d'avoir la liberté de me promener par les rues et par les champs sans craindre d'être foulé aux pieds, d'être écrasé comme une grenouille, ou d'être le jouet d'un jeune chien. Mais ma délivrance arriva plus tôt que je ne m'y attendais, et d'une manière très extraordinaire,

9

ainsi que je vais le raconter fidèlement, avec toutes les circonstances de cet admirable
événement.

Il y avait deux ans que j'étais dans ce pays. Au commencement de la troisième année,
Glumdalclitch et moi étions à la suite du roi et de la reine, dans un voyage qu'ils faisaient vers
la côte méridionale du royaume. J'étais porté à mon ordinaire dans ma boîte de voyage, qui
était un cabinet très commode, large de douze pieds. On avait, par mon ordre, attaché un
hamac avec des cordons de soie aux quatre coins du haut de la boîte, afin que je sentisse moins
les secousses du cheval sur lequel un domestique me portait devant lui, quand je voulais aller

à cheval; et souvent je dormais dans mon hamac pendant les voyages. J'avais ordonné au
menuisier de faire au toit de ma boîte une ouverture d'un pied en carré pour laisser entrer
l'air, en sorte que, quand je voudrais, on pût l'ouvrir et la fermer avec une planche.

Quand nous fûmes arrivés au terme de
notre voyage, le roi jugea à propos de passer
quelques jours à une maison de plaisance qu'il
avait proche de Flanflasnic, ville située à six
lieues du bord de la mer. Glumdalclitch et moi
étions bien fatigués : j'étais seulement un peu
enrhumé; mais la pauvre fille se portait si mal,
qu'elle était obligée de se tenir toujours dans sa chambre. Je mourais d'envie de revoir
l'Océan; car, si je pouvais échapper, ce devait être par cette voie.

Je fis semblant d'être plus malade que je ne l'étais, et je demandai la liberté de prendre
quelquefois l'air de la mer avec un page qui me plaisait beaucoup et à qui j'avais
été confié.

Je n'oublierai jamais avec quelle répugnance Glumdalclitch y consentit, ni l'ordre sévère
qu'elle donna au page d'avoir soin de moi, ni les larmes qu'elle répandit, comme si elle eût eu
quelque présage de ce qui me devait arriver. Le page me porta donc dans ma boîte et me
mena environ à une demi-lieue du palais, vers les rochers, sur le rivage de la mer. Je lui dis
alors de me mettre à terre; et, levant le châssis d'une de mes fenêtres, je me mis à regarder
la mer d'un œil triste. Je dis ensuite au page que j'avais envie de dormir un peu dans mon
hamac, et que cela me soulagerait. Le page ferma bien la fenêtre, de peur que je n'eusse froid;
je m'endormis bientôt.

Tout ce que je puis conjecturer est que, pendant que je dormais, ce page, croyant qu'il n'y avait rien à appréhender, grimpa sur les rochers pour chercher des œufs d'oiseaux, l'ayant vu auparavant de ma fenêtre en chercher et en ramasser.

Quoi qu'il en soit, je me trouvai soudainement éveillé par une secousse violente donnée à ma boîte, que je sentis tirée en haut, et ensuite portée en avant avec une vitesse prodigieuse. La première secousse m'avait presque jeté hors de mon hamac : mais ensuite le mouvement fut assez doux. Je criai de toute ma force, mais inutilement. Je regardai à travers ma fenêtre et je ne vis que des nuages.

J'entendais un bruit horrible au-dessus de ma tête, ressemblant à celui d'un battement d'ailes. Alors je commençai à connaître le dangereux état où je me trouvais et à soupçonner qu'un aigle avait pris le cordon de ma boîte dans son bec, avec le dessein de la laisser tomber sur quelque rocher, comme une tortue dans son écaille, et puis d'en tirer mon corps pour le dévorer; car la sagacité et l'odorat de cet oiseau le mettent en état de découvrir sa proie à une grande distance, quoique cachée encore mieux que je ne le pouvais être sous des planches qui n'étaient épaisses que de deux pouces.

Au bout de quelque temps, je remarquai que le bruit et les battements d'ailes s'augmentaient beaucoup, et que ma boîte était agitée çà et là comme une enseigne de boutique par un grand vent, j'entendis plusieurs coups violents qu'on donnait à l'aigle (car il est certain que c'était un aigle qui tenait ma boîte), et puis tout à coup je me sentis tomber perpendiculairement pendant plus d'une minute, mais avec une vitesse incroyable qui me fit presque perdre la respiration. Ma chute fut terminée par une secousse terrible qui retentit plus haut à mes oreilles que notre cataracte de Niagara; après quoi je fus dans les ténèbres pendant une autre minute; et alors ma boîte commença à s'élever de manière que je pus voir le jour par le haut de ma fenêtre.

Je connus alors que j'étais tombé dans la mer. Ma boîte, à cause de mon poids, de celui de mes meubles, et des plaques de fer qui renforçaient les coins, enfonçait d'environ cinq pieds dans l'eau. Je crus, et je le crois encore que l'aigle qui emportait ma boîte avait été poursuivi par deux ou trois autres aigles, et contraint de me laisser tomber pendant qu'il se défendait contre les autres qui lui disputaient sa proie. Les plaques de fer du fond de la boîte, se trouvant les plus fortes, la tinrent en équilibre dans sa chute et l'empêchèrent de se briser. Les jointures en étaient si bien faites qu'il n'y pénétrait pas une grande quantité d'eau. Je sortis du hamac, non sans peine, et je m'aventurai à ouvrir la planche dont j'ai parlé, afin d'avoir de l'air, car j'étais suffoqué.

Oh! que je souhaitai alors d'être secouru par ma chère Glumdalclitch, dont cet incident subit m'avait tant éloigné! Je puis dire en vérité qu'au milieu de mes malheurs je plaignais et regrettais ma chère petite maîtresse; que je pensais au chagrin qu'elle aurait de ma perte, à la disgrâce de la reine qui en serait la suite, et à la ruine de la fortune de cette pauvre enfant.

Je suis sûr qu'il y a très peu de voyageurs qui se soient rencontrés dans une situation aussi triste que celle où je me trouvai alors, m'attendant à tout moment à voir ma boîte brisée, ou au moins renversée par le premier coup de vent, et submergée par les vagues; un carreau de vitre cassé, et c'était fait de moi. Il n'y avait rien qui eût pu jusqu'alors conserver ma fenêtre, que des fils de fer assez forts dont elle était munie par dehors, contre les accidents qui peuvent arriver en voyageant.

Je vis l'eau entrer dans ma boîte par quelques petites fentes que je tâchai de boucher le mieux que je pus. Hélas! je n'avais pas la force de lever le toit de ma boîte ce que j'aurais fait si j'avais pu, et me serais assis dessus, plutôt que de rester enfermé dans une espèce de fond de cale.

Et si j'échappais à ces dangers pendant un jour ou deux, que pouvait-il m'arriver, sinon de mourir misérablement de froid et de faim? Je fus quatre heures en cet état, croyant que chaque moment allait être le dernier de ma vie.

J'ai déjà parlé de ces boucles de cuir qui servaient à porter ma boîte, et qui étaient placées du côté où il n'y avait pas de fenêtre. Tandis que j'étais dans cette déplorable situation, j'entendis ou je crus entendre quelque sorte de bruit du côté de ma boîte, où les boucles étaient fixées, et bientôt après je commençai à m'imaginer qu'elle était tirée, et en quelque façon remorquée; car de temps en temps je sentais une sorte d'effort qui faisait monter les ondes jusqu'au haut de mes fenêtres, me laissant presque dans l'obscurité.

Je conçus alors quelque espérance de secours, quoique je ne pusse me figurer d'où il me pourrait venir. Je me hasardai à dévisser une de mes chaises, et approchai ma tête d'une petite fente qui était au toit de ma boîte, et alors je me mis à crier de toutes mes forces, et à demander du secours dans toutes les langues que je savais.

Ensuite j'attachai mon mouchoir à un bâton que j'avais, et, le haussant par l'ouverture, je l'agitai plusieurs fois dans l'air, afin que si quelque barque ou vaisseau était proche, les matelots pussent conjecturer qu'il y avait un malheureux mortel renfermé dans cette boîte.

Je ne m'aperçus point que tout cela eût rien produit; mais je connus évidemment que ma boîte était tirée en avant, et au bout d'une heure je sentis qu'elle heurtait quelque chose de très dur. Je craignis d'abord que ce ne fût un rocher, et je me sentis ensuite ballotté plus que jamais.

J'entendis alors distinctement sur le toit de ma boîte un bruit semblable à celui d'un câble, et quelque chose parut frotter contre l'anneau au-dessus de mon toit; ensuite je me trouvai haussé peu à peu au moins trois pieds plus haut que je n'étais auparavant; sur quoi je levai encore mon bâton et mon mouchoir, criant au secours jusqu'à m'enrouer.

Pour réponse, j'entendis de grandes acclamations répétées trois fois, elles me donnèrent des transports de joie qui ne peuvent être conçus que par ceux qui les éprouvent; en même temps j'entendis marcher sur le toit, et quelqu'un appelant par l'ouverture et criant en anglais:

— Y a-t-il là quelqu'un?

Je répondis :

— Hélas! oui : je suis un pauvre Anglais, réduit par la fortune à la plus grande calamité qu'aucune créature humaine ait jamais soufferte; au nom de Dieu! délivrez-moi de ce cachot.

La voix me répondit :

— Rassurez-vous, vous n'avez rien à craindre; votre boîte est attachée au vaisseau, et le charpentier va venir pour faire un trou dans le toit et vous tirer dehors.

Je répondis que cela n'était pas nécessaire et demanderait trop de temps; qu'il suffisait que quelqu'un de l'équipage mît son doigt dans le cordon, afin d'emporter la boîte hors de la mer dans le vaisseau, et après dans la chambre du capitaine. Quelques-uns d'entre eux, m'entendant parler ainsi, pensèrent que j'étais un pauvre insensé: d'autres en rirent; je ne pensais pas que j'étais alors parmi des hommes de ma taille et de ma force. Le charpentier vint, et en peu de minutes fit au haut de ma boîte un trou large de trois pieds, et me présenta une petite échelle sur laquelle je montai; de là on me porta sur le vaisseau dans un état de faiblesse excessive.

Les matelots furent tout étonnés, et me firent mille questions auxquelles je n'eus pas le courage de répondre. Je m'imaginais voir autant de pygmées, mes yeux étant accoutumés aux objets monstrueux que je venais de quitter; mais le capitaine, M. Thomas Wilcocks, homme de probité et de mérite, originaire du Shropshire, remarquant que j'étais près de tomber en faiblesse, me fit entrer dans sa chambre, me donna un cordial pour me soulager, et me fit coucher sur son lit, me conseillant de prendre un peu de repos dont j'avais assez besoin.

Avant que je m'endormisse, je lui fis entendre que j'avais des meubles précieux dans ma boîte, un hamac superbe, un lit de campagne, deux chaises, une table et une armoire; que ma chambre était tapissée, ou, pour mieux dire, matelassée d'étoffes de soie et de coton; que s'il voulait ordonner à quelqu'un de son équipage d'apporter ma chambre dans sa cabine, je l'y ouvrirais en sa présence, et lui montrerais mes meubles. Le capitaine, m'entendant dire ces absurdités, jugea que j'étais fou: cependant, pour me complaire, il promit d'ordonner ce que je souhaitais; et, montant sur le tillac, il envoya quelques-uns de ses gens visiter la caisse, de laquelle (comme je l'appris ensuite) on tira tous mes effets. Ils enlevèrent les matelas des parois; mais les meubles vissés furent gâtés par l'ignorance de ces matelots, qui voulurent les arracher de force.

Ils prirent aussi quelques planches pour l'usage de leur bâtiment; et lorsqu'ils eurent ôté tout ce qui leur sembla bon à quelque chose, ils jetèrent la carcasse de la boîte à la mer, où elle enfonça bientôt, grâce aux brèches qu'on lui avait faites de tous côtés. Je fus heureux de n'avoir pas été témoin du ravage qu'ils firent dans ma maison; j'en aurais été sensiblement touché, car cela m'eût rappelé des choses qu'il valait mieux oublier.

Je dormis pendant quelques heures, mais continuellement troublé par l'idée du pays que j'avais quitté et du péril que j'avais couru. Cependant, quand je m'éveillai, je me trouvai assez bien remis. Il était huit heures du soir, et le capitaine donna ordre de me servir à souper sur-le-champ, croyant que j'avais jeûné trop longtemps. Il me régala avec beaucoup d'honnêteté, et il observa que mes yeux n'avaient rien d'égaré, ni mes discours rien d'incohérent.

Quand on nous eut laissés seuls, il me pria de lui faire le récit de mes voyages, et de lui apprendre par quel accident j'avais été abandonné au gré des flots dans cette grande caisse. Il me dit que, sur le midi, comme il regardait avec sa lunette, il l'avait découverte de fort loin, l'avait prise pour une petite barque, et qu'il l'avait voulu joindre; qu'en approchant, il avait reconnu son erreur, et avait envoyé sa chaloupe pour découvrir ce que c'était, que ses gens étaient venus tout effrayés, jurant qu'ils avaient vu une maison flottante; qu'il avait ri de leur sottise, et s'était lui-même mis dans la chaloupe, ordonnant à ses matelots de prendre avec eux un câble très fort; que le temps étant calme, après avoir ramé autour de la grande caisse, et en avoir plusieurs fois fait le tour, il avait observé mes fenêtres et les grilles qui les fermaient; qu'il avait remarqué aussi deux grandes boucles du côté où il n'y avait point d'ouvertures, et qu'il avait ordonné à ses gens de s'approcher de la boîte et de passer un câble dans ces boucles, afin de l'amener vers le vaisseau. Quand cela eut été fait, il commanda que l'on fît passer un autre câble dans l'anneau fixé au-dessus de mon toit; mais tout l'équipage, à l'aide de poulies, ne put élever le coffre à plus de trois pieds.

Il me dit qu'ils avaient vu mon bâton et mon mouchoir, et qu'ils en avaient conclu que quelque infortuné était renfermé dans cette machine. Je lui demandai si lui ou son équipage n'avait point vu dans l'air des oiseaux monstrueux au moment où il m'avait découvert; à quoi il répondit que, parlant sur ce sujet avec les matelots, pendant que je dormais, un d'entre eux lui avait dit qu'il avait observé trois aigles volant vers le nord; mais il n'avait point remarqué qu'ils fussent plus gros qu'à l'ordinaire; ce qu'il faut attribuer, je crois, à la grande hauteur où ils se trouvaient; et aussi ne put-il pas deviner pourquoi je faisais cette question.

Ensuite je demandai au capitaine de combien il croyait que nous fussions éloignés de la terre. Il me répondit que, par le meilleur calcul qu'il eût pu faire, nous en étions éloignés de cent lieues. Je l'assurai qu'il s'était certainement trompé presque de la moitié, parce que je n'avais pas quitté le pays d'où je venais plus de deux heures avant que je tombasse dans la mer : sur quoi il recommença à croire que mon cerveau était troublé, et me conseilla de me remettre au lit dans une chambre qu'il avait fait préparer pour moi. Je l'assurai que je me sentais parfaitement remis par son bon repas et sa gracieuse compagnie, et que j'avais l'usage de mes sens et de ma raison aussi complètement que je ne l'avais jamais eu.

Il prit alors son sérieux, et me pria de lui dire franchement si je n'avais point la conscience bourrelée de quelque crime pour lequel j'eusse été puni par l'ordre de quelque prince et exposé dans cette caisse, comme les grands criminels, en certains pays, sont quelquefois abandonnés à la merci des flots dans une barque sans agrès et sans provisions; que s'il en était ainsi, bien qu'il fût fâché d'avoir reçu un tel scélérat sur son bord, il me donnait sa parole d'honneur de me mettre à terre en sûreté au premier port où nous arriverions; il ajouta que ses soupçons s'étaient beaucoup augmentés par quelques discours très absurdes que j'avais tenus d'abord aux matelots, et ensuite à lui-même, à l'égard de ma boîte et de ma chambre, aussi bien que par mon air singulier et mon étrange conduite pendant le souper.

Je le priai d'avoir la patience de m'entendre faire le récit de mon histoire: je le fis très fidèlement depuis la dernière fois que j'avais quitté l'Angleterre jusqu'au moment où il m'avait découvert; et, comme la vérité s'ouvre toujours un passage dans les esprits raisonnables, cet honnête et digne homme, qui avait beaucoup de bon sens et n'était pas tout à fait dépourvu d'instruction, fut convaincu de ma candeur et de ma sincérité.

Mais pour confirmer tout ce que j'avais dit, je le priai de donner ordre de m'apporter mon armoire, dont j'avais la clef; je l'ouvris en sa présence, et lui fis voir toutes les choses curieuses recueillies dans le pays d'où j'avais été tiré d'une manière si étrange. Il y avait, entre autres choses, le peigne que j'avais formé des poils de la barbe du roi, et un autre de la même matière, dont le dos était d'une rognure de l'ongle du pouce de Sa Majesté: il y avait un paquet d'aiguilles et d'épingles longues d'un pied et demi; une bague d'or dont un jour la reine me fit présent d'une manière très obligeante, l'ôtant de son petit doigt et me la mettant au cou comme un collier. Je priai le capitaine de vouloir bien accepter cette bague en reconnaissance de ses honnêtetés, ce qu'il refusa absolument. Je lui montrai un cor que j'avais extirpé moi-même de l'orteil de l'une des filles d'honneur, et qui était de la grosseur d'une citrouille. Il devint si dur, qu'à mon arrivée en Angleterre, je le fis tailler en forme de coupe et monter en argent. Enfin je le priai de considérer la culotte que je portais alors, qui était faite de peau de souris.

Je ne pus l'engager à recevoir que la dent d'un laquais. Il l'avait examinée très curieusement et il me sembla qu'il en avait fantaisie. Il m'en remercia plus que cette bagatelle ne le méritait.

Elle avait été arrachée par la méprise d'un mauvais dentiste, et elle était parfaitement saine. Je l'avais fait nettoyer et ranger dans mon cabinet. Cette dent avait un pied de long et quatre pouces de diamètre.

Le capitaine fut très satisfait de tout ce que je lui racontai, et me dit qu'il espérait qu'après notre retour en Angleterre, je voudrais bien en écrire la relation et la donner au public. Je répondis que je croyais que nous avions déjà trop de livres de voyages; que maintenant un ouvrage ne pouvait réussir, s'il ne contenait pas quelque chose d'extraordinaire; ce qui me faisait douter de la véracité des auteurs, que la vanité et l'intérêt devaient tenter bien souvent de s'éloigner du vrai pour divertir les lecteurs ignorants. Mon histoire, lui disais-je, ne contiendrait guère que des événements communs, et serait dépourvue de ces descriptions de plantes et d'animaux singuliers, de mœurs barbares, de rites idolâtres observés parmi des peuples sauvages, et dont la plupart des écrivains ornent leurs relations. Cependant je le remerciai de l'opinion avantageuse qu'il avait de moi, et je lui promis de réfléchir à ce qu'il me conseillait.

Il me parut étonné d'une chose, qui fut de m'entendre parler si haut, me demandant si le roi et la reine de ce pays étaient sourds. Je lui dis que j'étais accoutumé à crier ainsi depuis plus de deux ans, et que j'admirais de mon côté sa voix et celle de ses gens qui me semblaient toujours me parler tout bas et à l'oreille, mais que, malgré cela, je les pouvais entendre assez bien; que quand je conversais dans ce pays, j'étais comme un homme s'adressant de la rue à un autre qui est monté au haut d'un clocher, excepté quand j'étais mis sur une table ou tenu dans la main de quelque personne.

Je lui dis que j'avais aussi remarqué une autre chose, c'est que, lorsque j'arrivai sur son bord, les matelots qui se tenaient debout autour de moi me paraissaient les créatures les plus chétives que j'eusse jamais vues; et qu'en effet, pendant mon séjour dans le pays d'où je sortais, je ne pouvais plus me regarder dans un miroir, parce que mes yeux étant accoutumés à de grands objets, la comparaison que je faisais d'eux à moi me rendait méprisable à moi-même.

Le capitaine me dit que, pendant que nous soupions, il avait aussi remarqué que je regardais toutes choses avec un espèce d'étonnement, et que je lui semblais quelquefois avoir de la peine à m'empêcher d'éclater de rire; qu'il ne savait pas bien alors comment il devait prendre cela, mais qu'il l'attribua à quelque dérangement dans mon cerveau. Je répondis que j'étais étonné d'avoir pu me contenir en voyant ses plats de la grosseur d'une pièce d'argent de trois sous, une éclanche de mouton qui était à peine une bouchée, un gobelet moins grand qu'une écaille de noix, et je continuai ainsi la description du reste de ses meubles et de ses viandes en les comparant avec les choses de même genre que j'avais coutume de voir; car, bien que la reine m'eût donné pour mon usage tout ce qui m'était nécessaire dans une dimension proportionnée à ma taille, cependant, préoccupé de ce que je voyais autour de moi, je faisais comme tous les hommes qui considèrent sans cesse les autres sans se considérer eux-mêmes, et j'oubliais ma petitesse tout en remarquant celle d'autrui.

Le capitaine entendit fort bien raillerie, et me repartit gaiement par le vieux proverbe anglais, en m'assurant que mes yeux étaient sans doute plus grands que mon ventre, puisqu'il n'avait pas remarqué que j'eusse un grand appétit, quoique j'eusse jeûné toute la journée; et, continuant de badiner, il ajouta qu'il aurait donné volontiers cent livres sterling pour avoir le plaisir de voir ma caisse dans le bec de l'aigle, et ensuite tomber d'une si grande hauteur dans la mer; ce qui certainement aurait été un objet très étonnant et digne d'être transmis aux siècles futurs. La comparaison de Phaéton se présentait si naturellement qu'il ne manqua point de l'appliquer; mais j'avoue que j'y trouvai peu de sel.

Le capitaine, revenant de Tunquin, faisait sa route vers l'Angleterre et avait été poussé vers le nord-est, à quarante degrés de latitude, et à cent quarante-trois de longitude; mais un vent de saison s'élevant deux jours après que je fus à son bord, nous fûmes poussés au nord pendant un long temps; et, côtoyant la Nouvelle-Hollande, nous fîmes route vers l'ouest-nord-ouest, et depuis au sud-sud-ouest, jusqu'à ce que nous eussions doublé le cap de Bonne-Espérance.

Notre voyage fut très heureux, mais j'en épargnerai le journal ennuyeux au lecteur. Le capitaine mouilla à un ou deux ports, et y fit entrer sa chaloupe pour chercher des vivres et faire de l'eau; pour moi, je ne sortis point du vaisseau que nous ne fussions arrivés aux Dunes. Ce fut, je crois, le 3 juin 1706, environ neuf mois après ma délivrance. J'offris de laisser mes meubles pour la sûreté du paiement de mon passage; mais le capitaine protesta qu'il ne voulait rien recevoir. Nous nous dîmes adieu très affectueusement, et je lui fis promettre de me venir voir à Rédriff. Je louai un cheval et un guide pour un écu que me prêta le capitaine.

Pendant le cours de ce voyage, remarquant la petitesse des maisons, des arbres, du bétail et du peuple, je pensai me croire encore à Lilliput; j'eus peur de fouler aux pieds les voyageurs que je rencontrai, et je criai souvent pour les faire reculer du chemin; en sorte que je courus risque une ou deux fois d'avoir la tête cassée pour mon impertinence.

Quand je me rendis à ma maison, de laquelle je fus obligé de demander le chemin, un de mes domestiques, ouvrant ma porte, je me baissai pour entrer (comme une oie qui passe sous un portail), de crainte de me blesser la tête. Ma femme accourut pour m'embrasser, mais je me courbai plus bas que ses genoux, songeant qu'elle ne pourrait autrement atteindre ma bouche. Ma fille se mit à mes genoux pour demander ma bénédiction; mais je ne pus la distinguer que lorsqu'elle fut levée, ayant été depuis si longtemps accoutumé à me tenir debout, la tête levée et les yeux dirigés à la hauteur de soixante pieds; alors je tentai de la relever en la prenant d'une main par la ceinture. Je regardai tous mes domestiques, et un ou deux amis qui se trouvèrent alors dans la maison, comme s'ils avaient été des pygmées et moi un géant.

Je dis à ma femme qu'elle avait été trop frugale, car je trouvais qu'elle s'était réduite elle-même et sa fille presque à rien. En un mot, je me conduisis d'une manière si étrange qu'ils pensèrent tous, comme le capitaine l'avait pensé à mon premier abord, que j'avais perdu l'esprit. Je fais mention de ces minuties pour faire connaître le grand pouvoir de l'habitude et du préjugé.

En peu de temps cependant, je m'accoutumai à ma femme, à ma famille et à mes amis.

Ma femme, heureuse de me voir enfin revenu à la raison, protesta que je n'irais plus jamais sur mer.

C'est ainsi que finit la seconde partie de mes malheureux voyages.

TABLE DES MATIÈRES

PREMIÈRE PARTIE

CHAPITRE PREMIER

TABLE DES MATIÈRES

DEUXIÈME PARTIE

Paris. — Typ. Ch. Unsinger, 83, rue du Bac.

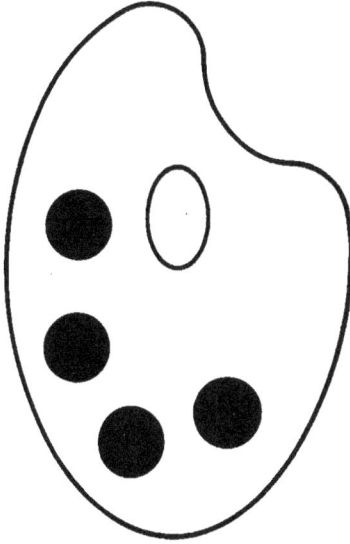

Original en couleur
NF Z 43-120-8

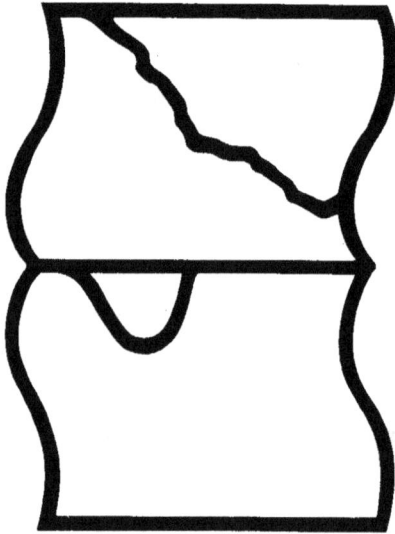

Texte détérioré — reliure défectueuse

NF Z 43-120-11

Contraste insuffisant

NF Z 43-120-14